(Suite à Dernier mot des Prophéties)

ÉVÉNEMENTS MIRACULEUX

de Fontet, de Blain et de Marpingen

PROPHÉTIES AUTHENTIQUES

des Voyantes contemporaines

BERGUILLE ET MARIE-JULIE

ouvrage entièrement inédit

avec le RÉSUMÉ DES ÉVÉNEMENTS DE FONTET, D'APRÈS LES PRINCIPES DE SAINT THOMAS, *livre de l'abbé Daurelle, récemment publié à Rome*

PAR

ADRIEN PELADAN

chevalier de Saint-Sylvestre,

HONORÉ POUR SES OUVRAGES DE PLUSIEÚRS BREFS DE S. S. PIE IX

—

PRIX : 1 fr.

—

DEUXIÉME ÉDITION AUGMENTÉE

—

NIMES

CHEZ L'AUTEUR

rue de la Vierge, 10

1878

Droits réservés.

PRÉCIEUX VADE MECUM.

Trois protecteurs célestes pendant les jours mauvais.

Désireux de procu..r aux fidèles les moyens efficaces de traverser en paix les temps de crise qui nous menacent, et que tant d'échos prophétiques nous ont annoncés, nous avons fait photographier deux anciennes images, l'une représentant *saint Christophe,* l'autre *saint Raphaël guérissant saint Roch.*

Au verso de chacune de ces photographies, sur carton glacé, est imprimée une invocation énumérant les privilèges attachés au culte de ces grands protecteurs célestes, et prouvés par de graves témoignages. Nous reproduisons ici ces prières.

Prière à Saint Christophe, martyr, protecteur spécial contre les maladies épidémiques, les tremblements de terre, les tempêtes, la mort subite, etc.

Glorieux martyr saint Christophe, obtenez à tous ceux qui invoquent votre puissant secours, d'être préservés des pestes, des épidémies, des tremblements de terre, de la foudre et des tempêtes, des incendies et des inondations. Protégez-les contre les châtiments providentiels, dans le temps, et préservez-les de la perdition éternelle. Délivrez-les de toute mort subite et de toute fin malheureuse. Ainsi soit-il.

Les chrétiens fervents des siècles passés étaient pleins de foi en cette pieuse croyance que quiconque jette, le matin, un regard sur une image de saint Christophe, ne meurt durant ce jour ni subitement, ni par une calamité quelconque.

Un vers léonin passé en adage disait : Regarde Christophe, et puis va-t-en rassure.

Christophorum videas, posteà tutus eas.

la bonté de saint Christophe a été l'origine de plusieurs proverbes. On disait entre autres choses : Ceux qui te voient le matin rient la nuit.

Qui te mane vident nocturno tempore rident. On dit aussi au singulier : *Qui te mane videt nocturno tempore ridet.*

Une figure en argent du même saint, qui existait autrefois dans le trésor de la Sainte-Chapelle, à Paris, portait sur son piédestal deux vers latins rimés qui signifiaient : Quiconque considère la face de saint Christophe, certainement n'est saisi ce jour-là par aucune affliction.

Christophori sancti speciem quicumque tuetur
Ista namque die non morte mala morietur.

Quiconque considère l'image de saint Christophe, est assuré ce jour-là de ne point mourir de mauvaise mort.

Cette pieuse confiance n'a jamais été blâmée par les papes, qui ont même approuvé plusieurs associations en l'honneur du saint martyr.

Saint Pierre de Rome possède une châsse, datant de la Renaissance, vers l'an 1520, où l'on conservait une épaule de saint Christophe. On y lit quatre distiques, dont le dernier es une invocation au saint contre la peste. Voici le troisième :

Illius, ergo. die. sacrum. qui. viderit. omni.
Morte. vacat. tristi. fletus. et omnis. abest.

Quiconque aura vu la sainte figure, est préservé ce jour-là de toute triste mort et de tout malheur.

Les inquiétudes inspirées par l'avenir sont un grave motif de rallumer le zèle envers ce grand Saint. Aussi avons-nous cru devoir offrir à nos amis la reproduction, avec l'exactitude photographique, de la plus ancienne image existante de saint Christophe. Elle est datée de 1423, et il n'en est connu que trois épreuves. Cette naïve gravure sur bois excitera davantage la piété que toutes les autres.

(Suite à Dernier mot des Prophéties)

ÉVÉNEMENTS MIRACULEUX

de Fontet, de Blain et de Marpingen

PROPHÉTIES AUTHENTIQUES

des Voyantes contemporaines

BERGUILLE ET MARIE-JULIE

ouvrage entièrement inédit

avec le RÉSUMÉ DES ÉVÉNEMENTS DE FONTET, D'APRÈS LES
PRINCIPES DE SAINT THOMAS, *livre de l'abbé Daurelle,*
récemment publié à Rome

PAR

ADRIEN PELADAN

chevalier de Saint-Sylvestre,

HONORÉ POUR SES OUVRAGES DE PLUSIEURS BREFS DE S. S. PIE IX

PRIX : 1 fr.

DEUXIÈME ÉDITION AUGMENTÉE

NIMES

CHEZ L'AUTEUR
rue de la Vierge, 10
1878

SUITE A DERNIER MOT DES PROPHÉTIES

Précis fidèle des faits miraculeux de Fontet et des prédictions de Berguille.

GRANDES APPARITIONS. — La Salette, Lourdes, Pontmain, Fontet et Blain, telles sont les solitudes choisies où la Mère de Dieu a voulu se manifester en France, en des temps où un effrayant duel se livrait entre le bien et le mal, et où ce dernier l'emportait. L'amour de la Vierge Immaculée pour le pays qui a reçu le surnom de Royaume de Marie, a éclaté dans ces mémorables circonstances, et cette sollicitude rénovatrice a semblé vouloir exercer de plus en plus une salutaire contrainte sur cette terre de France tant chérie, à mesure que l'apostasie et la perversité, dans leurs manières diverses, se rebellaient contre le règne de Dieu, les avants-coureurs de sa justice et la promesse de jours meilleurs par le retour au respect du Verbe incréé.

De ces localités bénies où Marie s'est rendue visible, forte de la puissance de son Fils, escortée par les milices éternelles, trois sont pleinement acquises à son culte glorieux : la Salette, Lourdes, Pontmain. Les deux autres, Fontet et Blain, lui sont encore disputées avec l'acharnement qui exista d'abord contre la Salette et contre Lourdes. A l'heure qu'il est, Berguille a reçu de son Directeur l'injonction de ne plus accueillir personne chez elle, même hors des jours d'extase. Cette mesure justifie l'annonce de la Voyante du 14 octobre 1877 : « Je vois tout fermé.» Rien ne lassera l'humilité de la Servante de Dieu, mais ces grandes rigueurs nous semblent préluder au triomphe que le Sauveur réserve aux instances de sa Mère, Notre-Dame des Anges. Tout bon chretien respecte les agissements de l'autorite religieuse, à propos de miracles, mais le Concile de Trente, qui impose la soumission à cette autorité, n'interdit pas d'implorer l'examen canonique des faits surnaturels, et c'est ce qui est obstinément refusé pour Fontet.

Mémoire de M. l'abbé Daurelle sur les évènements de Fontet.— Un homme de foi et de courage, M. l'abbé Daurelle, apres avoir suivi, pendant une année entiere, les extases de Berguille, a consigné ses consciencieuses observations en un Memoire, ou il conclut à leur divinité, en vertu des principes de S. Thomas. Il termine cependant son travail, par ces mots : « L'Eglise, ma Mère, n'a qu'à prononcer un seul mot, et le souffle de sa parole n'aura pas effleuré mon front, que mes convictions n'y seront plus. » Nous signons à notre tour cette déclaration.

Est-il besoin de faire observer, que la cause de Blain, ne se sépare pas de celle de Fontet, et que le succès de l'une auprès du Saint-Siege, emportera forcément le succès de l'autre ? Il suffit d'avoir vu et entendu une seule fois Marie-Julie, dans ses extases, dit M. Daurelle, pour être accablé par l'evidence du divin.

Chemin mystique de la croix a Fontet et a Blain. — A Fontet comme à Blain, le vendredi, de deux heures à huit heures du soir, se produisent, comme aux temps des François-d'Assise, des Hildegarde, des Thérese, les phases mystérieuses de ces transports mystiques auxquels l'Eglise attache le nom d'extase. Là, Jésus-Christ, la Vierge-Mère, les Anges et les Saints viennent converser avec Berguille et Marie-Julie. Là, dans un siècle qui seche de dépravation, la grâce convie les âmes encore pures à des communications ineffables. L'expiation etant l'objet essentiel entre le monde des esprits et celui d'ici-bas, la souffrance occupe dans ces relations, une large place, c'est-à-dire que les deux Voyantes y portent hebdomadairement la Croix du Calvaire, et qu'elles y suivent, sous ce pesant fardeau, la voie douloureuse de l'Homme-Dieu.

OPPOSITION CONTRE FONTET ET CONTRE BLAIN. — Un antagonisme ardent s'est déclaré à Bordeaux et à Nantes contre les événements qui nous occupent et que nous défendons avec une conviction profonde. Le dédain, le rire moqueur, la calomnie ignorante et aveugle, comme parle M. d'Aurelle, n'a jamais rien prouvé ; on se tient à l'écart des événements, on refuse toute observation, et c'est au nom de cet entêtement inqualifiable que les faits sont condamnés. On veut quand même que les phénomènes soient diaboliques ou purement humains.

Mais si la science est confondue devant des guérisons obtenues ; si tout révèle a Fontet et à Blain, l'action de l'infini, sera-ce notre nature bornée qui agit ? D'autre part, sera-ce le démon qui fulmine contre les débordements de notre âge, et qui demande des immolations et des prières ininterrompues, pour apaiser le courroux céleste et conjurer par là d'incroyables catastrophes ? Ce serait assurément pour la première fois que Satan s'épuiserait en sollicitations, depuis cinq ans, pour réclamer une église d'une splendeur inconnue, en l'honneur de la Mère de Dieu, en même temps qu'il poursuivrait les colossales erreurs contemporaines au profit de la foi catholique.

DIRECTEURS DE BERGUILLE. — Berguille a eu trois directeurs : M. Miramont, curé de Fontet, qui a signé des pages si imposantes sur les manifestations ; M. le curé de Blagnac, d'abord opposé aux faits surnaturels, mais bientôt terrassé par eux ; enfin, M. le curé actuel de Hure, qui n'a pu obtenir la permission d'assister à une seule extase.

Berguille avait connu ces changements à l'avance, puisqu'elle avait dit dans le ravissement du 7 mai 1876 : « Seigneur, je vous offre ces souffrances pour l'Eglise, pour Mgr notre archevêque, 'pour mon Directeur et ceux que j'aurai dans l'avenir ». La Voyante a assisté aux délibérations des opposants, notamment dans la vision du 14 septembre 1877.

Mais prenons les faits à leur début :

MIRACLE DE LA GUÉRISON DE BERGUILLE. — Berguille était mourante d'un cancer à l'estomac. Au mois d'avril 1873, le médecin n'espérait plus rien, et le curé n'osait donner la communion, la malade ne pouvant garder le moindre aliment depuis quinze jours. Le 29, elle dit au prêtre qu'elle devait guérir ; qu'elle en avait reçu itérativement la promesse de la Sainte-Vierge, et qu'il suffisait pour cela de lui apporter le Viatique. Le 30 au matin, elle reçoit en effet l'auguste sacrement et un quart d'heure après elle était complétement rétablie. Depuis, sa santé n'a éprouvé aucune altération, et cette guérison, précédée d'une prophétie, a été le premier anneau de cette chaîne de faveurs insignes d'En-Haut, dont le retentissement s'est répandu jusqu'aux extrémités de la terre.

Voici en quels termes la Sainte-Vierge avait parlé à la Voyante, le 29 avril 1873, à propos de sa guérison : « Je suis l'Immaculée-Conception. Ne craignez rien ; dites-le à tout le monde. Je vous accorde la grâce que vous m'avez demandée. Faites demain la communion, et vous serez guérie. Après la communion, vous vous lèverez et vous mangerez ». Trente voisins ont été présents à ce miracle.

PRÉSIDENCE DU MARÉCHAL DE MAC-MAHON. — Le 14 mai, Berguille annonce, par l'ordre de l'Apparition, qu'il y aura bientôt en France, un changement avantageux dans le gouvernement, et peu après, si les détenteurs du pouvoir et les représentants chrétiens du pays secondent le mouvement, la restauration du roi légitime. La présidence du Maréchal était ainsi révélée. Le septennat le fut également.

LE SEPTENNAT. — Le 13 novembre 1873, Berguille résume ainsi le côté politique de sa vision : « La colère de Dieu se trouve un peu apaisée ; si on continue à prier jusqu'au 21 novembre, il y aura un évènement remarquable ; ce ne sera pas le roi, car on ne le mérite pas encore ; mais ce sera un frein à la révolution qui menace de tout engloutir ». Le 19 novembre fut le jour où les pouvoirs du président furent prorogés. Ce vote aurait du solliciter le ministère et le chef du gouvernement à favoriser le retour du roi, la Providence les y invitant par son secours, mais de misérables ambitions et la faction orléaniste firent, en ce moment, les affaires de la révolution.

SECRET DU CIEL POUR LE MARÉCHAL-PRÉSIDENT. — Le 22 décembre, la Sainte Vierge rappelle à la Voyante un secret qu'elle lui avait confié plusieurs mois auparavant et concernant la personne du Maréchal de Mac-Mahon. « C'est le moment, ajoute Marie, de lui faire connaître ce secret ; hâtez-vous de le lui transmettre ; il faut qu'il le sache avant le premier janvier.» C'est en vertu de cet ordre, que Berguille partit, le 27, avec le Comte Estève, de Pau, pour Paris. Ne pouvant voir le Maréchal, elle fit écrire le secret par le Comte, et le pli fut remis à un aide de camp pour le duc de Magenta. Il concernait, a-t-on cru, Mgr le comte de Chambord. Ce message sera publié un jour, il appartient à l'histoire. Il nous rappelle cet autre secret venu de Dieu qu'un maréchal-ferrant de Salon apporta un jour à Louis XIV, et les communications de l'ange Raphaël, que le laboureur Nicolas Martin alla faire à Louis XVIII, en l'année 1817.

LES GOUVERNANTS. — D'imprudents écrivains royalistes ont essayé de justifier la monarchie comme étant de droit divin, alors qu'elle est essentiellement de droit national. Cette dernière origine n'amoindrit pas les titres de la royauté, car la liberté demeure son inséparable compagne, et la doctrine tient pour inattaquable toute constitution qui porte la sanction des âges. L'autorité, elle, est de source divine, et son existence ne dépend nullement de la forme du pouvoir. De là cette affirmation : un gouvernement n'est fort que basé sur le Christianisme. Ce même ordre d'idées nous explique pourquoi le Maréchal de Mac-Mahon figure pour sa part dans les visions de Berguille et pourquoi des avis célestes lui ont été transmis. Nous ne publions pas les paroles textuelles de la Voyante concernant les gouvernants qui avaient la charge d'enrayer la révolution ; nous n'en présentons que l'expression générale.

La servante de Dieu a prié fréquemment pour les hommes qui étaient ou qui sont au pouvoir. Elle a signalé les devoirs qui leur incombent, les fautes qui ont été commises, le mauvais vouloir de plusieurs, leurs dédains pour les prescriptions d'En-Haut. Elle a marqué l'action dissolvante de la libre-pensée, les défaillances des conservateurs frayant la voie aux méchants par leur manière équivoque d'agir ; les dates à partir desquelles la confusion demeurerait comme dernière perspective. L'ironie a même répondu à certaines audaces dans ces textes prophétiques, et de justes sévérités ont stigmatisé la légèreté, l'imprévoyance, l'aveuglement, les faux calculs, les concessions funestes. Des réprobations ont été indiquées , la franchise et la bonne volonté ayant pu prévenir les fléaux. C'en est fait, le bouleversement l'emporte ; Dieu a été banni du pouvoir ; voici les ouragans et les tempêtes. Il y aura des infidélités, des trahisons, des déceptions cruelles. Il a été fait litière du bon droit : il en résulte l'anarchie et ses rudes conséquences. Pour s'arracher au chaos social, aux désastres publics, il faut revenir à la monarchie traditionnelle. *Dieu le veut*, dit Berguille.

COMBINAISON FUNESTE. — Le 28 avril 1874 était l'anniversaire de la première apparition accordée à Berguille. Marie se plaint : « Voilà un an, que je viens parmi vous, et on ne me reconnaît pas encore. Cependant tout ce que je dis est très-important, et mes paroles s'accompliront ; les malheurs vont éclater, ils seront immenses. On *prépare* en ce moment une *combinaison* qu'on ne soupçonne pas et·qui *amènera les plus mauvais résultats*. Pauvre France !... Cependant elle m'est consacrée ; elle ne périra pas. » Demandez à M. Wallon, le catholique libéral, à quelle combinaison il a prêté la main. Pour les mauvais résultats, la cause en gît dans la faction bleue ; les effets se trouvent dans les complots incendiaires de la libre pensée, autrement dit l'athéisme des sectes.

Les manifestations surnaturelles de Fontet, auront prédit la succession des évènements publics contemporains, les évolutions de la politique, les résultats électoraux, les troubles, les ébranlements militaires, les deuils des villes, des profanations, des scènes sanglantes, dont le terme ne sera marqué que par le rétablissement de la vraie Monarchie. Poursuivons.

HENRI V ET LES LYS. — Le 30 octobre, la Sainte-Vierge dit à l'Extatique : « Je ne peux plus retenir le bras de mon Fils, à cause des blasphèmes qui se commettent, et des méchants qui veulent tout détruire, non-seulement la société, mais encore la Religion. Que l'on prie pour la France, *car je la sauverai*.

Les méchants croient leurs complots assurés ; mais quand ils penseront avoir tout gagné, tout sera perdu pour eux. Henri V sera roi. Il n'arrivera pas par le vote et les combinaisons des hommes Les hommes ne le connaissent pas. Il sera conduit par la volonté de Dieu. »

Le 21 novembre, la servante de Dieu est informée que l'Apparition se revèlera exceptionnellement le 3 décembre. 3,000 personnes entourent, ce jour-là, la champêtre habitation. Les phalanges angeliques escortent la Souveraine des cieux. « Il se passera beaucoup de choses d'ici à la fin de l'année, dit la Mère de Dieu. La crise est imminente. » Le roi est promis de nouveau ainsi que le Pontife Saint, sur l'identité duquel nous gardons le silence présentement.

Le 20 août 1875, on met à la main de la Voyante, pendant l'extase, un portrait d'Henri V. Elle fait aussitôt entendre ces paroles adressées à Jésus-Christ : « O roi de gloire, de triomphe et de paix, calmez les irritations de ces esprits méchants. Nous venons vous conjurer pour ses ennemis (du Prince). Oui, mon Dieu, protégez-le, bénissez-le. Puisqu'il nous est réservé, accordez lui les grâces nécessaires pour accomplir sa mission. Ayez pitié de nous ! »

Dans les extases des 12 novembre, 17 et 31 décembre 1875 ; 7 et 14 janvier 1876 ; 25 février, 5 et 19 mai de la même année ; enfin, les 2 février, 27 juillet, 9 septembre et 12 octobre 1877, il est dit : « C'est par vous, ô Jésus, qu'il vaincra. Conservez-le. Puissions-nous voir bientôt flotter le drapeau sans tache ! Quand est-ce que le Lys refleurira sur la France ! Conduisez notre souverain et qu'il surgisse au port. Faites-nous grâce pendant les jours de tourmente. Un *Te Deum* d'action de grâces retentira par toute la terre, au retour d'Henri V. »

« Hâtez ses pas, ô mon Jésus ; abrègez son exil..... Il a commencé par la route des épines, il arrivera par le chemin

de la gloire. Que sa couronne s'imprime sur nos fronts !
Qu'elle brille à nos yeux ! Bénissez notre prince et qu'il vain-
que ses ennemis ! L'enfer est déchaîné contre lui ; mais ce
n'est pas en vain que vous le gardez ; il doit propager votre
gloire dans le monde.

» O Vierge Marie, priez pour lui, protégez-le. Il viendra
pour être les délices de la patrie. O Jésus, adoucissez le bar-
bare.... courroucé contre lui. Bénissez le prédestiné qui
s'approche de vous, en s'éloignant des hommes. Il sera élevé
sur la terre au-dessus de tous les monarques.

» Seigneur, rendez à l'Exilé la patrie absente... Quels tableaux lugubres ! Chassez, mon Dieu, ces fiers ennemis qui veulent envahir nos cités. Hélas ! nous le méritons... Cœur Sacré
de Jésus, ayez pitié de la France ; luise l'aurore qui nous ren-
dra le roi très-chrétien ! Que son drapeau ombrage bientôt nos
têtes ! L'heure de la rehabilitation n'est pas éloignée ; par le
Sacré-Cœur, les ennemis seront terrassés.

» Voici l'heure de la délivrance ; mettez fin à l'exil du roi, ô
mon Jésus ; rendez-le à nos vœux ! La France trouvera la
félicité sous la bannière des lys. L'Eglise, aujourd'hui dans
les angoisses, sera avec lui dans l'allégresse... Arrivez, ô
réparateur, et nous Français, sortons de l'abîme de la tribulation, voici celui qui nous apporte la joie ! »

Le 25 juin 1875, Berguille ne s'arrêta pas à saluer les
fleurs royales, mais elle chanta les strophes suivantes que
plus d'un poète aimeraient à signer :

> « Ce noble lys, c'est la fleur d'espérance,
> Qui refleurit pour embaumer ce lieu.
> Oui, c'est le lys qui sauvera la France ;
> Ne craignons plus, il nous unit à Dieu.
> Va, Roi chrétien, va délivrer ton Père ;
> Il est captif, qu'on vole à son secours ;

Rome t'attend, c'est en toi qu'elle espère :
L'heure a sonné, Dieu te bénit, accours.

Ah ! ne crains pas Satan et sa furie,
Vole au combat, tu reviendras vainqueur ;
Ton drapeau blanc, c'est celui de Marie,
Car dans ses plis brille sa belle fleur. »

Précédemment la Voyante avait dit, en forme d'invocation :
« O saint Joseph, pourquoi foule-t-on ces fleurs si pures !
Qu'elles refleurissent plutôt sur cette chère patrie ! *C'est le
Lys qui affranchira la France.* Je le vois s'épanouir sur la
terre, briller sur l'autel ! O sainte Gertrude, qui avez la pre-
mière doté la patrie de ce lys éclatant, que les anges d'ici-bas
s'unissent à ceux du Ciel, pour chanter à l'envi : Béni soit
Celui qui vient au nom du Seigneur. »

9 septembre. « Oui, dans le moment que l'on croira tout
perdu, on verra s'épanouir cette belle fleur sur nos têtes. »

LES ÉLECTIONS. — LES GOUVERNANTS. — 5 novembre 1875.
« Je voudrais abréger, dit la Voyante, la durée de nos infor-
tunes. Ces quelques jours qui vont se passer devraient être des
jours d'espoir, ils seront des jours d'affliction. Conduisez-les
par la main (les électeurs), éloignez de nous les périls, ô
Marie ».

9 Juin 1876. « O France, que la maladie consume, pourquoi
ne pas recourir au médecin ? Pourquoi ne pas invoquer le
Saint-Esprit ? Qu'il les éclaire pour les diriger (les gouvernants); c'est d'eux que dépend le sort de la France. Oui, nous
avons eu bien des échecs, mais ce n'était que le *prélude* de
ce qui nous attend. Vous allez nous humilier, Seigneur ; vos
ennemis nous environnent de toutes parts ! La France n'est
pas une nation qui sache vous prier. Cependant, ô divine Marie, sous votre égide, pourrait-elle être déchirée sans merci ! »

28 septembre 1877. « Que les âmes chrétiennes fassent quelques neuvaines pour aider ceux qui doivent guider la France. (Allusion aux élections du 14 octobre suivant). » On ne peut aboutir à rien sans votre volonté, ô mon Jésus. S'ils savaient vous mettre en tête de leurs travaux, ils seraient sûrs de réussir. Il s'agit en réalité de choses bien sérieuses (du gouvernement dans tout ce qui le concerne). » La Voyante fait, en ce moment, des signes de désolation.

Les révolutionnaires font, en quelque sorte, leur métier, en obéissant à leurs idées subversives ; mais que dire de l'incurie, des ambitions, de l'incapacité, de l'endurcissement des bons ; car ce qui a été fait par les honnêtes gens, n'a porté le cachet ni de l'intelligence, ni de la magnanimité.

Inondations. — 4 juin 1875 « Que de victimes ! s'écrie Berguille, en découvrant le deuil de Toulouse. Secourez la France, ainsi frappée, ô mon Dieu ! Nous méritons ces tribulations sans doute ; néanmoins Seigneur, ayez compassion de ces malheureux ! Oh ! des prières pour eux ! Quels cris de détresse, Seigneur, apaissez votre justice. »

9 juillet 1875. « Convertissez les obstinés, Seigneur, en ce moment où d'autres tourmentes vont fondre sur nous. Mais on ferme les yeux à la lumière ! Mon âme frémit en découvrant tant de désolations. »

16 juillet 1875. « Pourquoi ne pas faire des prières publiques pour abréger les calamités que nous traversons (inondation du 20 au 26) et celles plus cruelles encore que nous aurons à subir ? Eloignez cette famine, ô mon Dieu ! Un jour viendra où nous demanderons grâce, mais il sera trop tard. »

Scandales et Sacrilèges. — Le 19 mars, la Sainte-Vierge demande à la Voyante de faire une neuvaine à son intention ; elle lui recommande de prier plus que jamais. Elle verse d'abondantes larmes, parce que son Fils souffre les douleurs d'une nouvelle Passion, à cause des *scandales* et des *sacrilèges* qui se commettent.

Ces avertissements ne se commentent pas : c'est à tous ceux qui ont encore la foi, de voir, de comprendre et d'agir.

LES CARBONARI. — Les Carbonari n'ont pas échappé aux regards de la Voyante. 13 juillet 1877. « Oh ! ces carbonari, ils se roulent *comme des bêtes fauves* ; quel affreux spectacle ! »

12 octobre. « Les gouvernements n'ont pas assez de force pour contenir les Carbonari, qui veulent détruire ce qui vous a coûté si cher , Seigneur : la sainte Eglise romaine et ses Ministres. »

L'ITALIE. — L'Italie et l'Eglise pourraient-elles ne pas être l'objet des sollicitudes suprêmes dans les manifestations de Fontet ! 30 avril 1875. « Ne nous abandonnez pas, Seigneur, s'écrie l'Extatique ! Oui, je vous implore pour les Ministres de la sainte Eglise !... Pauvre Italie !... Je ne demande pour moi que l'humilité. »

25 juin. « Je suis résignée à être votre victime pour la conversion des méchants, pour la France, pour la sainte Eglise, pour l'Italie ! Ah ! c'est la plus grande ennemie de la religion, par sa trahison envers le Saint-Père.... Convertissez son souverain. » Cette conversion a été obtenue. Berguille a déclaré à l'un de nos amis, le 2 fevrier dernier, que Victor-Emmanuel était au fond du Purgatoire, depuis le 9 janvier.

MARTYRE D'UN EVÊQUE. — 28 mai 1875. Paris aurait-il à pleurer la mort tragique d'un autre Mgr Affre ou d'un autre Mgr Darboy ? Voici la vaticination : « Oui, évêque de Paris (sic).... martyr... Oui, mon Dieu, comme *lui* encore.... Déchirant sacrifice...! Force et résignation dans ces mortelles détresses. »

INVOCATIONS POUR LE SALUT DE LA FRANCE. — 26 Novembre 1875. « Cœur de Jesus, ne rejetez pas la France ; faites-la grande et redoutable. O Jésus, pour nous delivrer, quels faibles sacrifices vous demandez de nous! Pourquoi ne pas en faire un seul? »

14 Janvier 1876. « O Vierge sainte, vous traversez les villes et les campagnes, demandant des prières, et en particulier pour la France. Jusqu'ici c'est en vain! Quelle responsabilite !»

7 Avril 1876. « O malheureuse France, c'est à cause de tes erreurs que tant d'infortunés succombent! Oui, tu as renié ton Dieu! Tu mets le trouble et la ruine dans la société chrétienne! Tu veux la livrer au schisme! O Reine Immaculee, ramenez-la (à la vérité) ! »

21 Avril. « Saint Joseph, protecteur de l'Eglise, vous qui avez tant de pouvoir, je vous en supplie, obtenez merci pour la France égarée; jetez sur nous un regard de compassion! »

5 Mai. « Quelle fureur du démon! Que de ravages! O cœur de Jésus, ayez pitié de la France!... Le jour ou surgira le roi très-chrétien, il répètera cette invocation, et ce jour là la patrie sera sauvée... »

16 Juin. « Elle est bien alourdie notre chere France; mais un acte de votre volonté peut la guérir, ô Jésus! C'est surtout pour les pécheurs que vous venez ici... O démence! on crie en ce moment même : Plus de Dieu, plus de religion, plus d'églises, plus de Ministres saints ! »

3 Juin. « Si la France savait pleurer et prier, elle serait bientôt rétablie dans ses grandeurs! O mon Jesus, vous ne permettrez jamais que tout un peuple périsse! »

18 août. « Ayons donc confiance au Sacré-Cœur de Jésus. La France est comme Lazare dans la nuit du tombeau; mais d'un souffle, Seigneur, il vous appartient de lui dire d'en sortir! *Veni foras.* Elle vous sera fidèle alors, car sans la foi nous ne pouvons rien accomplir qui vous soit agréable. »

25 août. « La France a perdu cette belle vertu, la foi. Mais elle est la fille aînée de l'Eglise ; c'est pourquoi ce bon Jésus veut la sauver... Devrait-elle oublier ses humiliations récentes ? »

15 décembre 1876. « France, quel abîme ! Que d'avertissements de toutes parts ! Quand l'*étincelle* éclatera, on sera convaincus. Quel sombre tableau se déploie à mes yeux ! qu'il est effrayant ! Ne nous laissez pas succomber, ô mon Jésus ! »

19 janvier 1877. « Seigneur, pardon pour les pécheurs, et ils reviendront à vous, particulièrement dans notre France si désolée. Autrefois, en fait de piété, elle était la première. Aujourd'hui, où est son zele? où est son amour ? Oh ! ne permettez pas qu'elle meure ! Vous ne demandez de nous qu'un peu d'amour, un peu de charité, pour assurer notre repos. »

16 février 1877. « Puissent ces victimes (volontaires) que je reconnais, abréger nos maux ! Que d'agitations ! Que de complots ! Mais d'un souffle, d'un regard, ô mon Dieu, vous avez le pouvoir de tout renverser ! O France ! ô Eglise ! Quand Dieu est mis en avant, les projets réussissent ; quand on le met de côté, tout s'abîme. Si la France priait comme Jésus a prié, elle serait bientôt toute renouvelée. »

2 juillet. « O mon Jésus, ouvrez les yeux à l'incrédulité, mais surtout pardonnez à la France entière ! Elle a été la première à vous proclamer Immaculée, ô Marie ; maintenant nos ennemis s'écrient : la Mère de Jésus abandonne son royaume. Protégez-le, protégez son chef, ses ministres : préservez-les des embûches ! »

L'extase du 19 octobre 1877 devait être la derniere qui fut publique : Faut-il voir la colère de Dieu, à ce propos, dans cette parole dite, ce jour-là, par la Voyante ? « La France s'endurcit dans son aveuglement téméraire.... Oui, il faut qu'elle *soit rudement châtiée.* »

TÉNÈBRES. — Le 23 août 1873, les trois jours de ténèbres dont nous parlent d'autres prophéties, sont annoncés aussi par Berguille : des évènements terribles les suivront.

4 octobre 1877. « Tout n'est pas fini dans le siècle que nous traversons : on voudrait détruire la sainte Eglise et la France catholique. Quand on connaîtra les secrets des âmes, secrets en ce moment cachés, on verra que c'est par vous, ô Marie, que la France aura été sauvée. »

LA CHAUMIÈRE DE BERGUILLE DEVIENDRA UNE BASILIQUE. — « Mon Fils est très-irrité, dit l'Apparition, le 24 décembre, à cause des blasphèmes et de la profanation du dimanche ; je ne peux plus retenir son bras. La crise n'est pas éloignée: elle sera épouvantable. Je vous plains tous, car vous aurez beaucoup à souffrir... Ici sera mon sanctuaire. » Le sanctuaire de Notre-Dame-des-Anges ou de Notre-Dame-de-Fontet. La Sainte Vierge avait indiqué de la main la place où est actuellement la petite chapelle de Berguille.

Nous sommes en 1874, au 2 février. L'Apparition confirme ce qui précède, parle du successeur de Pie IX ; puis du Pontife Saint comme devant paraître après Léon XIII.

Le 25 février 1876, Berguille promet encore de sublimes destinées à sa petite habitation.

Le 30 juin 1876. « O Jésus, dit-elle, c'est dans cette chaumière mille fois bénie, qu'on viendra vous faire amende honorable... Eclairez-les. » Les adversaires de Fontet

28 septembre 1877. « Partout où vous vous plaisez à descendre, vous demandez des prières; oui, de tous les côtés vous donnez des avertissements ! Tant pis pour ceux qui n'en profitent pas ! Hâtez le jour du triomphe promis à ce lieu. »

24 mai 1875. « Oh ! ce plan que vous leur avez montré ! Oui, ce sera cette belle basilique de Notre-Dame-des-Anges ! C'est de là que sont partis ces rayons de lumière. »

2 juillet. « Oh ! ce magnifique Autel que je vois ! »

2 août 1877. « Oui, c'est après des siècles d'attente que se lèvera ce jour. Cette basilique sera la plus belle de l'Univers ! » — « Vous voulez, ô Sainte-Vierge, un édifice en votre honneur ; vous le voulez ici. C'est pour le bien de la France : répandons le culte de Marie. »

INVOCATIONS POUR L'EGLISE. — Ces invocations reviennent dans chaque extase, et nous ne savons comment les contradicteurs de Fontet s'y prendraient, dans un examen, pour donner à ces accents une autre origine que celle du Ciel. Nous ne consignerons ici que les lignes ci-après :

30 juin 1876. « Saint-Joseph, patron de l'Eglise universelle, priez pour elle, surtout pour son Chef. Oh ! que ses ennemis sont exaltés contre Lui ! Renversez tous leurs projets. »

9 juillet. « Je vous demande la paix, le triomphe pour la Sainte Eglise, dans ces temps de calamités que nous allons traverser : Protégez son Chef »

15 août. « Accordez la paix, Seigneur, à toutes les puissances ! Donnez le triomphe à la Sainte Eglise ! Hâtez-en le jour !»

COMMUNION SURNATURELLE. — La Voyante jouit de l'éminent privilège de la communion surnaturelle, comme Palma, comme Marie-Julie. Le 19 janvier 1875, en particulier, après avoir contemple Notre Seigneur, la Sainte-Vierge, saint Joseph, elle reçut le pain des forts des mains de Jésus-Christ lui-même

LA GRANDE CRISE. — 2 juillet. « On ne prie pas assez, dit l'Apparition ; on ne se convertit pas ; je ne puis plus retenir le bras de mon Fils. (Cette phrase, souvent répétée, est d'une bien sombre éloquence). La famine et les épidémies vous épient. Les malheurs sont proches, ils seront courts, mais *terribles*. Paris surtout aura à souffrir, à cause du scandale permanent de la statue de Voltaire. »

Le 29 octobre 1875. L'Extatique présente un lamentable aperçu de ce qu'elle découvre au loin : des échafauds, le travail des sociétés occultes. « O mon Jésus, dit-elle, c'est la rage du démon! Quelles secousses! Que de sang répandu! »

27 octobre 1875. « Que de grâces perdues !... Triste spectacle ! Des échafauds qui se dressent ! Il y a des martyrs... Ces pauvres enfants !... Ministres de Jésus, si vous saviez tout ces qui vous attend, vous n'auriez pas honte de vous humilier... Ils sont encore là ces casques pointus, acharnés. » — Comme l'a dit aussi le curé d'Ars et d'autres voyants, nous n'en aurions donc pas fini avec les prussiens.

3 mars 1878. « Beaucoup mourront, s'offrant en sacrifice ; mais tous ne seront pas martyrs. O Ministres de Jésus, ayez la force et le courage de monter cette *marche* qui vous est offerte... Franchissez ces degrés avec amour et confiance. »

18 avril. « Oui, nous pouvons nous écrier : la foudre fond sur notre pays, je la vois venir ! »

15 décembre 1876. « Les événements arriveront comme un coup de foudre, au moment où on croira au calme. »

15 septembre 1876. « O sainte Vierge, vous promettez le pardon au repentir. Oui, nous avons été sourds à votre voix ! Oui, malheur à nous ! Un désastre formidable va nous frapper ; il est en marche, il s'avance 'vers nous. Pauvre France !... Pauvre Eglise !. »

2 fevrier 1877. « Oh ! cette bonne Mère qui retient le bras de Jésus, demandons-lui de protéger les âmes dans ce coup de foudre qui va éclater; puissions-nous, toutes les victimes (volontaires) qui portons la croix, apaiser votre justice et éloigner ces malheurs, ô mon Dieu ! »

23 mars 1877. « Le jour est loin pour les hommes, et l'heure est près pour vous, ô mon Jésus, où vous allez frapper et déchaîner votre justice, alors qu'on s'y attendra le moins.

Comment?... jusqu'à nier!... oui, incrédules plus que les Juifs... Ce n'est pourtant pas un abus que les prières, la pénitence, les sacrifices. »

16 juillet 1877. « O aimable Jésus, vous attendez les pécheurs; malheur à eux, s'ils ne sont pas prêts au moment où la justice de Dieu viendra!. »

ÉVÊQUES MARTYRS. — MÉLANIE (DE LA SALETTE). — 14 mai 1876. « O mon Jésus, donnez à vos ministres, la force d'accepter la croix qui leur est préparée Que l'avenir est triste! Disposez-les ces quelques évêques et qu'ils soient martyrs ; qu'ils sachent combattre pour votre gloire!... Mais plutôt éloignez ces appareils sinistres, nous sommes tous vos enfants!.... Oui, le *secret* que vous lui avez confié, Mélanie (de la Salette) l'a toujours gardé !... Que de contraintes, que d'humiliations pour ceux qui luttent pour votre nom! Donnez-leur la force de tout supporter. »

INVOCATIONS POUR LES MINISTRES SACRÉS. — L'Extatique exprime de fréquentes prières pour les gardiens du sanctuaire. Elle sollicite leur union avec l'Eglise, et se lamente si elle aperçoit chez eux, une foi sans vigueur. Elle presse les âmes chrétiennes d'invoquer pour les mêmes motifs. Le 22 décembre 1876, elle voit les ordinants et s'écrie : « Qu'ils soient, ô Jésus, des ministres selon votre cœur; ils seront peut-être victimes dans quelques jours! »

NOTRE-DAME-DES-ANGES. —Cette appellation revient constamment sur les lèvres de la Voyante. Elle nomme heureux ceux qui croient à cette devotion. Elle aperçoit le jour ou elle sera glorifiée dans la chaumière de Foutet, convertie en basilique splendide. Les peuples y accourent des extrémites du monde. Notre-Dame-des-Anges aura des autels dans l'univers. Saint-François-d'Assise est le premier qui ait nommé Marie de ce doux nom. Il aura son autel dans le temple demandé! Le pieux ministre qui, le premier, y célèbrera les sacrés mystères, est montré à l'Extatique. Depuis des siècles, des âmes pures ont désiré connaître l'endroit où le sanctuaire serait élevé. Ces parvis privilégies sont enfin choisis ; voici venir les temps où des voix innombrables rempliront les airs de ce cri : Vive Notre-Dame-des-Anges ! Vive Notre-Dame de Fontet !

MARIE-JULIE, L'EXTATIQUE DE BLAIN. — Berguille a parlé, dans ses extases, plus de trente fois, de Marie-Julie. 2 avril 1875. « Marie-Julie, vous qui me prenez pour votre sœur, oui, je veux l'être. Vous qui vous réjouissez de souffrir avec Jésus, je me réjouis avec vous. » (comme victime).

14 mai. « Oui, sœur en souffrances, demandez pour moi, la charité, l'humilité. »

21 mai. « O Marie-Julie, chère sœur, j'offre tout pour la conversion des pécheurs ; puissions-nous expier tous les péchés des hommes ! Que de persécutions se préparent ! »

9 juillet. « O Marie-Julie, nous sommes heureuses de participer ensemble aux souffrances de Notre-Seigneur... Je suis la plus indigne des créatures... C'est par l'humilité que nous vaincrons. »

16 juillet. « O Marie-Julie, que de tristes choses nous voyons aujourd'hui ! Oh ! c'est au moment où les évènements approchent, que nos souffrances redoublent. »

13 août. « O union de souffrances, ô chère sœur, vous n'êtes pas connue dans le monde encore ! »

20 août. « O ma chère sœur, priez pour cette pauvre Eglise, vous si humble, si aimée de Notre-Seigneur. »

24 septembre. « O ma chère sœur Marie-Julie, intercédons pour cette malheureuse France, pour l'Eglise persécutée ! »

10 décembre. « Chère sœur en Jésus-Christ, sœur en souffrances, puissions-nous abréger les maux par nos invocations ! »

28 juillet 1876. « O ma chère sœur, c'est là *qu'on a su*

comprendre la main de Dieu! » Allusion à Mgr Fournier qui était plein de sollicitude pour les manifestations surnaturelles de Blain.

Février 1877. « O Marie-Julie, cette mission n'est pas terminée ; oui, la croix sera la préservation de notre cœur. »

6 avril. « O mon Jésus, elle (Marie-Julie) prie, elle souffre, elle voudrait amoindrir les châtiments. C'est une victime qui vous est agréable. Ses jours sont comptés. Bientôt elle sera tout près de vous. On viendra l'invoquer ; on aura bien besoin de son secours, surtout ceux qui sont maintenant si *irrités* contre elle! Elle sera encore l'instrument de votre grâce du haut du Ciel. »

16 juillet. « Elle travaille à terminer cette couronne : avant celle-là, elle en a eu bien d'autres qui ont percé sa tête. (Allusion au stigmate de la couronne d'épines)! Heureuse encore de marcher sur les traces de ce bon Jésus. »

3 août. « Elle vient de subir une grande et nouvelle amertume ; elle est abandonnée : pauvre victime! Elle se consume d'amour, elle mourra d'amour! Ce moment est proche. » Ces paroles font allusion à l'éloignement de Blain de M. l'abbé David, directeur de Marie-Julie, et aux rigueurs dont elle est l'objet depuis la mort du vénéré Mgr Fournier.

4 octobre. Une dame de Tours présente à l'Extatique de Fontet, une enveloppe fermée, contenant un linge teint du sang des stigmates de Marie-Julie; Berguille dit aussitôt : « Il y a quelque chose.... Oui, c'est une victime, c'est une martyre. Dans quelque temps ce sera une sainte ; elle sera au rang des élus. Quand vous habiterez ce beau Ciel, auprès de Jésus, priez-le pour moi, vous qu'il aime tant. »

Ces relations mystiques entre les deux Voyantes, ne vous semblent-elles pas une des preuves qui proclament comme divines les manifestations de Fontet et de Blain ?

INVOCATIONS POUR LA FRANCE. — La Sainte Vierge ne cesse de témoigner sa sollicitude pour la France. Les paroles sont glacées pour exprimer les témoignages de compassion et d'amour de Marie pour le pays qui la nomma autrefois sa Reine. Berguille est l'écho vivant de cet amour.

23 avril 1875. « O mon Dieu, éclairez les hommes préposés à la direction de cette patrie qui vous est si chère ! Oui, puisque vous agréez mes afflictions, qu'elles servent à expier pour la France. Anges du Ciel, étendez vos bras et vos ailes pour nous secourir ! Que de menaces ! Oh ! confondez les sociétés secrètes ! Que de pleurs ! que de gémissements ! Je vous en supplie, Seigneur, ayez pitié de la France !... Le chef surtout, ne le délaissez pas ; éclairez-le. Prions tous. »

18 juin. « Dans le Cœur de Jésus, qui brûle d'amour pour nous, ô ma bien-aimée patrie, dans ce Cœur seulement tu trouveras la paix et le bonheur. »

29 octobre. « Que l'Esprit-Saint fasse descendre sa lumière pour gouverner la France !... »

12 novembre. Ici la Voyante prend sur son lit une image du Sacré-Cœur, une médaille de Pie IX, un portrait du Comte de Chambord ; elle les tient exposés à la vue des assistants et prononce ces mots : « Oui, ce sera le triomphe de la France et de la sainte Eglise.... Avancez-les, mon Dieu, ces jours de félicité ! Saints et saintes du Ciel, intercédez pour la France. Vous surtout, ô saint Louis, priez pour qu'elle recouvre sa majesté ! Cœur de Marie, sauvez-la ! Seigneur, éloignez ses ennemis, qui sont aussi les vôtres. Martyrs de la France, qui êtes dans le Paradis, intercédez pour elle ! O Jésus, secourez-la ; elle combattra hardiment ses ennemis. Pour nous, ce n'est pas avec l'épée que nous pouvons la défendre, mais par la charité, l'humilité. »

LE PURGATOIRE. — Berguille s'intéresse vivement au soulagement des âmes du purgatoire. Elle invoque le Seigneur pour elles. Le 23 mars 1877, un avocat et sa dame assistaient à l'extase de ce jour. Ils présentent un papier à la servante de Dieu, suppliant pour deux de leurs chers morts, et disent trois *Ave Maria* à cette intention. La prière terminée, l'Extatique répond : « Une de ces âmes prie pour vous, elle est au Ciel ; l'autre souffre et demande des prières. » La dame renouvelle son invocation unie à l'assistance, et la voyante dit : « Oui, agréables » (les prières). Nous pourrions citer d'autres faits de ce genre.

LA RÉPARATION. — Berguille dont la théologie la plus sévère ne saurait censurer la bonne doctrine, n'a pu omettre la *réparation*, cet objet si essentiel de notre délivrance. Les moyens qu'elle appelle à cet effet sont la prière, la pénitence, les sacrifices. Marie est surtout notre protectrice. Plusieurs grands saints sont efficacement invoqués. Les ministres du Seigneur doivent pleurer et prier. Le 9 juin 1876, la Voyante entend ces paroles de la bouche de Jésus-Christ : « O mon peuple, que t'ai-je fait pour me traiter ainsi ! » Le Sauveur ajoute qu'il veut « un nouveau sanctuaire, un temple réparateur. » C'est dans le repentir qu'est la réparation ; hors de la réparation au Sacré-Cœur, nous n'avons qu'afflictions et châtiments en perspective.

19 janvier 1877. « Offrons des pénitences ; réparons. Un moment viendra ou nous voudrons nous tourner vers Jésus, mais il sera trop tard. »

Que de logique dans ces textes ! Si nous touchons ici aux matières les plus élevées, n'est-il pas vrai que les discours que nous écoutons procèdent aussi bien du bon sens que de la doctrine chrétienne ?

PLAINTES DE LA VOYANTE CONTRE LES ADVERSAIRES DE FONTET. — Les plaintes de la Voyante contre le parti pris de méconnaître la volonté suprême dans les manifestations de Fontet, sont continuelles. Elle prie pour les opposants, mais elle s'élève aussi, au nom de la Reine des anges contre tant d'obstination. On remarque des allusions claires à l'autorité du Saint-Siége, non loin duquel M. l'abbé Daurelle a écrit le Mémoire que nous avons signalé. Au sujet de cette œuvre de justification, dans l'extase du 31 août 1877, Berguille s'écrie : « Ils seront bien forcés d'ouvrir les yeux, et cela leur sera pénible. La lumière viendra de plus haut (de Rome). Ils veulent rendre inutile, rejeter ce travail, mais ils ne réussirqnt pas, ô mon Jésus. »

31 août 1877. « Ils refusent d'être éclairés. Ils veulent rester dans les ténèbres. Oui, une seule fois venir se recueillir devant Marie, vous demandant de voir, et cela suffirait. Jamais aucun de vos ministres vous a-t-il demandé la lumière sans qu'il l'ait obtenue ! »

9 septembre. « On tâche assidûment d'*éteindre* les manifestations, mais vos œuvres ne s'éteignent point : d'un côté ou d'un autre, la clarté en sortira constamment ; votre gloire se fera jour. On ne veut pas écouter, on ne veut pas voir. Je ne puis rien, vous le savez, ô mon Jésus et votre instrument est bien indigne. »

14 septembre. — Berguille annonce la décision qui clora sa porte, comme pour emprisonner les manifestations. Le 19 octobre elle prie et fait prier pour le cardinal-archevêque de Bordeaux.

'17 août. « Oh ! si l'on pouvait comprendre les desseins du Seigneur en ce lieu ! (Fontet). Ils ne s'avoueront pas vaincus, sans qu'un coup terrible les accable ! Si on songeait aux fléaux qui sont sur le point de nous frapper, comme on s'empresserait bien vite de faire honorer cette bonne Mère à la place ou est cette ferme ! Voyez à Lourdes ; que de grâces sont prodiguées! Voyez tous ces pèlerins accourant de tout l'univers, pour aller y chercher des bienfaits abondants! »

Les reproches de l'Extatique contre ceux qui s'opposent à l'érection de la basilique de Notre-Dame-des-Anges, à la divinité des manifestations de Fontet, prennent souvent une allure biblique. La Voyante donne alors à ses plaintes les formes diverses d'un discours où distille l'amertume du cœur, l'affliction d'une âme brisée par la tribulation. Elle voudrait n'employer que des remontrances d'insinuation ; mais irrésistiblement elle constate que les *endurcis* amassent des charbons ardents sur leurs têtes. *Elle les a vu rire; ils n'ont rien fait depuis cinq ans; ils méprisent les ordres du Ciel sans examen.* Elle accuse la prudence humaine prenant la place des prescriptions célestes. Elle vaticine des punitions ; elle est saisie d'épouvante en face du courroux inapaisé de Jésus-Christ. Toujours humble, cependant, elle se soumet, elle attend. Elle a l'orgueil en horreur. Comme oppressée par la puissance qui l'anime, elle laisse parfois gronder l'ironie, et dit, (le 18 septembre 1877) : « On agit de tous les côtés ; on prend mille moyens (d'opposition), mais tout sera inutile : ils n'auront qu'à se soumettre, à s'humilier, à publier votre gloire, ô Marie. »

Le 22 décembre 1873, la Sainte-Vierge était apparue, portant sur la poitrine un grand Crucifix noir ; elle dit : « On prétend que c'est le démon qui vous apparaît ; demandez si le démon peut apparaître avec ce signe. »

Prédictions contre Paris. — Le nom de Paris est tombé plus d'une fois des lèvres de la Voyante éplorée. Il y a ici plus de solennité peut-être que dans les autres prophéties connues contre la Babylone moderne. — 7 mai 1875. « Que ces ténèbres sont épaisses, ô mon Dieu ! Que ce feu est dévorant ! Je vois tout consumé ! Protégez ces pauvres enfants : ils étouffent au milieu des flammes! Oui, Paris est la plus coupable des villes ! Quel déchirant spectacle ! Que de tristesse partout ! Que de larmes ! Que de tombes ! Que de têtes qui roulent ! O Sainte-Vierge, ne nous abandonnez pas ! »

12 novembre 1875. « Malheureuse cité, ville maudite ! Un jour, elle sera consumée jusqu'à la dernière pierre. Malheur à ces diaboliques sociétés (occultes)... Je les vois les misérables ; ils accourent... Quel affreux tumulte !... Ville ingrate, elle n'est pas digne de prononcer le nom sacré de Jésus ! Ville exécrable, tu veux nous mener aux abîmes ! »

14 juillet 1876. « O Marie, ô Notre-Dame des Victoires !... Prions pour cette malheureuse ville d'ou nous viennent toutes nos afflictions ! »

4 août. « Qui peut se rappeler sans frémir les horreurs de la Commune ? Les justes en captivité ; leur sang versé sur les places publiques ; nos temples et nos tabernacles renversés !... Et n'a-t-on pas voulu établir des lois sans vous, ô mon Dieu ; n'a-t-on pas nié les paroles de l'Evangile ! »

18 mai 1877. Berguille vit, ce jour là, des évêques, une multitude de prêtres, de femmes et d'enfants, qui disparurent dans un tourbillon ne laissant que de la fumée. Un second point noir s'éleva, se dilata, et prit la direction de Bordeaux. Un troisième nuage ténébreux se dessina : « celui-là se dirige vers l'Italie, » dit Notre Seigneur.

12 octobre 1877. « Je comprends qu'il faut que votre justice s'accomplisse, ô mon Jésus ; cependant votre miséricorde n'est pas épuisée... Reviens à Dieu, ville criminelle, reviens à Jésus qui t'aime encore!... Tu vas être châtiée une fois de plus... Paris sera lavé, purifié dans le sang de ses habitants !... Quels nombreux ennemis !... »

19 octobre. « O cité plus rebelle que Tyr et Sidon ! — Si ces villes avaient eu les mêmes avertissements, elles se seraient

converties ; elles auraient fait pénitence. Oh ! tant de fois souil-
lée !... Oui, elle est plus dépravée que Ninive qui, à une seule
parole, s'humilia. Or, il y a ici plus que Jonas, c'est le Roi du
Ciel et de la terre, réclamant pour son nom outragé. »

On dirait les accents des prophètes d'Israël tonnant sur le
vieil Orient, ou mieux le Sauveur des hommes pleurant sur
Jérusalem.

RETOUR DES PRUSSIENS. — Nos ennemis d'Outre-Rhin ont
plus d'une fois frappé le regard de la Voyante. « Eloignez, mon
Dieu, dit-elle, dans l'extase du 8 octobre 1875, ces ennemis
qui viennent à la rencontre de votre armée. » Votre armée :
cela n'indique-t-il pas qu'elle serait conduite par le Roi de
France ? » Vous aviez envoyé ces étrangers sous nos toits ! Je
les vois revenir !... Nous avons essayé de combattre sans
vous, mais vous nous avez arrêtés et jetés dans la boue, la
face contre terre (Sédan). »

Le 7 janvier 1876, Berguille conjurait le Seigneur de protéger le Roi armé pour sa cause. L'assistance chantait : *Marie,
à vos genoux toute la France prie !...* L'Extatique interrom-
pant le cantique, s'écria : « *Non, pas toute la France !...*

LA SALETTE. — Avec Lourdes et Pontmain, la Salette a
été bien des fois mentionnée par Berguille. Il y a de la
grandeur dans cette confirmation des avertissements célestes
sur la montagne dauphinoise. Ecoutez plutôt :

16 juillet 1875. « Oui, ces prédictions malheureuses s'accom-
plissent. Notre-Dame de la Salette, priez pour nous. »

13 août. « Que de larmes vous avez versées sur nous ! » Elle
tenait une médaille de la Salette.

14 janvier 1876. « Notre-Dame de la Salette, priez pour
nous ! C'est-là que vous avez annoncé de grands malheurs.
On n'a pas écouté vos plaintes. Ce n'est que dans le but de nous
exciter à la prière, à la pénitence, que vous venez encore ici. »

7 avril 1876. « O Reine immaculée des anges, Notre-Dame de Fontet, ramenez les pécheurs au divin cœur de Jésus. — Oui, dites-vous, il y a bientôt trente ans que je suis descendue pour demander des prières, mais on a été sourd à ma voix ! O peuple ingrat ! Marie, soyez notre protection ! »

14 avril. « Pauvre Eglise !... Malheureusement on n'a pas écouté vos avertissements, ô Notre-Dame de la Salette !.. Le secret que vous avez donné à Mélanie, elle l'a toujours gardé : Que d'épreuves, que d'humiliations pour défendre votre gloire ! Donnez-lui le courage de tout supporter. »

21 avril. « Oui, ces trente ans (depuis lesquels vous êtes venue) seront bientôt écoulés. Vous êtes descendue de nouveau. Qu'avons-nous fait ? Vous avez pourtant toujours tenu vos promesses, et vous dépasserez même nos espérances dans l'avenir. La profanation du dimanche est surtout la cause de nos accablements. On en fait un jour de scandale et de blasphèmes. C'est en ce jour que se réunissent les sociétés secrètes. Que d'âmes perdues ! »

9 juin. « Sur cette montagne où vous avez versé des larmes amères, Notre-Dame de la Salette, priez pour nous. »

30 juin. « Oui, c'est là, sur cette montagne, que vous avez pleuré. Vous venez également ici pleurer et gémir, demander des prières en répétant : Heureux ceux qui croient ! — Priez pour nous. »

21 juillet. « Combien la Sainte Vierge aime la France ! *Non fecit taliter omni nationi.* Nous n'avons qu'à nous rappeler les endroits où vous êtes apparue : la Salette, Lourdes, Pontmain, et maintenant ce lieu. »

27 octobre. « A la Salette, où vous êtes apparue une fois seulement, on s'est empressé d'accourir ! Et ici, après plus de *trois cents fois*, on n'écoute pas vos plaintes ! »

22 décembre. « O sainte Vierge, vous avez prédit des cala-

mités sur cette sainte montagne. En a-t-on tenu compte ? S'est-on converti ? — Non. — Se convertira-t-on ? — Non. — Il faut qu'ils soient châtiés. »

9 septembre 1877. « Il faut que cette Œuvre de Fontet soit bien grande, pour être si persécutée, ô Sainte Vierge ! »

21 septembre, à la veille de la défense qui a fermé la porte de Berguille, le vendredi : « Ne se trompent-ils pas ? Est-ce qu'ils ne se sont pas trompés ? *Dans ce moment-ci*, ils se trompent gravement, en voulant porter un jugement tel..... Oh ! depuis le firmament jusqu'à la plus petite fleur, tout est mystère. — Comment donc peut-on comprendre le surnaturel. si on ne veut pas se donner la peine de l'examiner ? La chose est bien simple pour eux : c'est de savoir s'il existe ! Ils demandent de grands miracles ! On en voit tous les jours ! N'y en a-t-il pas assez ? »

PONTMAIN, 28 septembre 1877. — Ce consolant souvenir a été rappelé par l'Extatique de la manière suivante : « Sainte Vierge, ma Mère, rappelez-vous cette promesse que vous avez faite : *Mon Fils se laisse toucher.* (17 janvier 1871). Qu'il se laisse donc toucher, surtout pour la France ; qu'il ne la délaisse pas dans ce moment de grandes épreuves qu'elle a à traverser. C'est par vous, ô Marie, que nous, victimes, offrons nos souffrances, nos humiliations. Suppliez le Cœur Sacré de Jésus : qu'il ne nous laisse pas seuls, bien qu'il soit lui-même délaissé, presqu'abandonné dans son tabernacle! »

LA STATUE DE VOLTAIRE, A PARIS. — Les paroles de Berguille contre cette grossière idole, sont très-caractéristiques.

8 octobre 1875. « Hommes insensés, pourquoi ne pas faire tomber celui qui a tant blasphemé le saint nom du Seigneur ? Faites leur comprendre, ô mon Dieu, que cette statue ne peut plus subsister. Les ennemis, (les Prussiens), la briseront. Elle

attire la malédiction sur la grande ville. Vous, ô mon Dieu renversez-là, avant qu'elle le soit par le boulet. »

5 novembre. « Comment oser prononcer votre nom sacré, ô mon Dieu, devant cette statue infâme ! Abattez-la Seigneur ! Déchaînez votre foudre. »

MORT SUBITE DE M. RICARD. 12 mai 1876. — Le 28 avril, après la lecture d'uné amende honorable du Sacré-Cœur, par un de nos plus généreux amis, la Voyante s'écria soudain : « O malheureux chrétiens, vous reniez votre foi, vous la foulez aux pieds ! Il y en a un (le ministre ci-dessus) qui *va périr bientôt* : le démon va le précipiter dans l'enfer. O Vierge Sainte, mettez-vous à la porte, défendez-le ! »

MORT D'ADOLPHE THIERS. 21 août. — L'Extatique a vu Adolphe Thiers, qui devait mourir le 3 septembre suivant. Toujours saisie d'épouvante, elle parle ainsi : « Prions pendant ces quelques jours d'attente. Faisons le bien pendant que d'autres projettent le mal. Prions Jésus-Christ d'éclairer ceux qui dirigent la France. — Une agitation ténébreuse subjugue les esprits. — Faisons violence au divin Cœur de Jésus. »

SIGNES DANS LE CIEL. — 15 décembre 1876. « Quelles affreux ses images ! Quels phénomènes effrayants ! mon Dieu, miséricorde ! »

23 février 1877. « Deux croix apparaissent encore : l'une est plus grande... Un glaive ! Aspect sinistre ! — Notre Seigneur tient le glaive. — Une flamme rouge sort du sein d'une fumée épaisse. — La sainte Vierge accourt pour l'arrêter... Elle est triste..., le sang coule. — l'incendie pétille ! »

21 avril. La Voyante signale des événements désastreux : c'est la guerre civile, des massacres de prêtres.

13 juillet. « O mon Jésus, que ces signes de désolation s'éloignent de moi, si vous daignez le permettre ! Quelles scènes ! tout se hérisse de sabres, de baïonnettes ! Quelle terreur ! Quel moment ! »

Zouaves pontificaux. — Le 31 mars 1876. Elle mentionne le protectorat de saint Joseph sur l'Eglise universelle. Elle prie pour Pie IX, que Dieu devait appeler à lui le 7 février suivant. Elle nomme ensuite les Zouaves pontificaux, et dit : « Ils sont encore prêts à verser leur sang pour délivrer le Pape de sa captivité. Oui, force, courage et résignation. — Ils marcheront en avant, et ils remporteront la victoire. »

Louise Lateau. — Dans un certain nombre d'extases, Berguille a rendu hommage aux *victimes volontaires.* Le 16 avril 1875, elle salua spécialement Louise Lateau. Ces âmes privilégiées offrent leurs souffrances au souverain Maître. Elles veulent desarmer la justice infinie. Elles sont heureuses de partager le Calvaire de l'Homme-Dieu. Berguille voit la place de plusieurs d'entres elles dans le Ciel. Il en est qui ne sont pas connues. Bientôt la lumière resplendira.

Le Triomphe. — Berguille a vu cet objet de nos vœux, ce but de nos esperances. Le 22 décembre 1876 surtout, elle peint le désespoir de Satan, prêt à être enchaîné, tandis que Notre-Dame des Anges reçoit d'universels hommages, à Fontet.

Le 2 février 1877. La Voyante proclame la gloire de Notre-Dame-de-Fontet. Elle salue les trois personnes divines, et demande à la sainte Vierge d'ouvrir les yeux aux opposants.

23 mars. « O mon Jésus, c'est pour le triomphe de votre sainte Mère, que vous continuez de vous révéler ici. Nous vous sollicitons tous pour le relèvement de la France ; pour la glorification de l'Eglise ; pour l'honneur et l'exaltation de Notre-Dame-de-Fontet. Je vous demande de vous aimer de toutes mes forces, de toute mon âme, jusqu'à mon dernier soupir. »

Le 2 août et le 8 septembre. C'est encore une touchante invocation et l'assurance que notre espoir sera bientôt couronné, malgré Satan, malgré les difficultés apparentes.

Le 22 octobre et le 12 novembre 1875, l'Extatique avait déjà entonné le *Te Deum* du triomphe de Notre-Dame de Fontet, signal du salut de la France.

SAINT-MICHEL. LE ROI DE FRANCE ALLANT DÉLIVRER ROME. — 29 septembre 1876. « Que vois-je, ô mon Jésus? Une grande croix. C'est l'Archange saint Michel qui la tient. Des lettres sont écrites sur sa poitrine; elles s'agrandissent de plus en plus. O bonne Mère, je ne comprends pas! Elle devient rouge cette croix. Oh! saint Michel montre le chemin! — Quand le Roi pieux délivrera le Saint-Père, il combattra avec ces forces, qui sont les saints Anges et Archanges, venant delivrer la sainte Eglise. »

Nous trouvons ainsi dans les vaticinations de Berguille les événements redoutables annoncés pour Rome, dans plusieurs autres prophéties.

⸻⸻⸻

Etude des manifestations surnaturelles au XIXe siècle. — Les évènements de Fontet, d'apres les principes de saint Thomas, par l'abbé Daurelle, du diocèse de Mende. Résumé.

L'auteur, en débutant, présente son travail comme « une simple consultation prealable adressée aux dépositaires de la science dans l'Eglise. » Le livre a 156 pages in-4º, il a été imprimé à Rome.

M. l'abbé Daurelle, ayant assisté, indécis encore, à l'une des extases de Berguille, fut en proie, pendant trois jours, à un doute qui le tortura cruellement. Une invocation suivie de promesse à la sainte Vierge, d'aller étudier humblement et théologiquement les phénomènes de Fontet, mit fin à cette tempête.

Fontet est un petit village, à 3 kilomètres de la Réole (Gironde), dans une charmante situation. La ferme où les apparitions ont lieu, est tenue par le mari de Berguille, dont l'âge est d'environ cinquante ans. Simple femme de la campagne, l'existence de la Voyante n'a rien présenté d'extraordinaire jusqu'aux évènements qui nous occupent. Ses habitudes furent toujours chrétiennes. De ses trois enfants, l'un, une fille est déjà morte, l'aîné des fils est sous les drapeaux.

Les révélations ont commencé en 1873, le 27 février, par une guérison miraculeuse, comme il a été dit précédemment.

Le surnaturel divin est seul en question, à Fontet. M. l'abbé Daurelle démontre d'abord l'orthodoxie de ces manifestations *par voie d'élimination*, et en second lieu *par voie directe*. De là, deux parties concourant à une seule et même évidence.

Berguille, contrairement à ce qui a été dit, n'est ni *une comédienne, ni une femme dont les facultés mentales sont troublées, ni une possédée du démon.*

Une intelligence préside aux faits de Fontet ; or cette intelligence est inévitablement ou *humaine*, ou *diabolique*, ou *divine.*

La nature humaine, en outre, agit à l'*état normal*, ou à l'état de *condition seconde.*

Pour le premier des trois cas, M. Miramont, curé de Fontet, a déclaré hautement que Berguille *est absolument incapable de tromper.* Tous ceux qui la connaissent affirment sa bonne foi. L'honnêteté de son mari n'est pas moins bien établie. Elle néglige toutes les prudences humaines, et répond aux remarques qui lui sont faites : » Que voulez-vous ! Je ne peux pas dire autrement que l'Apparition ne dit. « *L'habileté* n'existe donc pas et rien n'autorise la supposition que la

Voyante a pu vouloir tromper. Elle n'a pas été poussée par l'intérêt ; elle n'a pas retiré le moindre profit de ses visions. Elle a obstinément refusé d'accepter tout secours. La famille y a perdu par les dérangements survenus et le temps perdu. Les satisfactions de l'amour propre ? Mais il n'est revenu à Berguille que l'incrédulité des uns, la risée des autres, les invectives des impies. Les sympathies ? Mais elle n'a recueilli que des amertumes, et son âme a été rassasiée d'angoisse.

D'autre part, comment expliquer les faits les plus élevés au-dessus de nous, par le jeu des ressources humaines ? Et cette imitation s'accomplissant aux yeux de tous, de la foule, des savants, du clergé ? Comment concilier l'état inculte de la Voyante avec le langage qui lui est particulier dans l'extase, l'élévation comme la sûreté des idées qu'elle y exprime. Berguille va jusqu'à chanter des cantiques, dans ses ravissements, qui lui sont dictés par une puissance supérieure et dont les vers affectent une facture qui a de l'élégance et de la correction. Viennent les docteurs Mauriac et Verdale ; ils soumettent Berguille aux épreuves d'une science qui n'épargne rien pour nier le divin dans les phénomènes, et qui, dans leur scepticisme, arrivent à la constatation d'un « état d'insensibilité générale *caractérisant toutes les extases.* » Cet aveu incomplet n'en est pas moins concluant.

Osez donc dire que Berguille est une *comédienne !*

Mais, la nature humaine atteint d'autres ressources, c'est l'état de *condition seconde* au *doublement de vue,* ce que la théologie nomme *puissance extensive.* C'est à cet état dynamique occulte que Berguille doit la situation que vous appelez en elle surnaturelle, prétend l'incrédulité.

Puisque vous osez expliquer les manifestations de Fontet par une sorte d'état pathologique d'où dérivent des faits si merveilleux, faites-nous connaître cette maladie dans un corps que les violentes secousses électriques des médecins de Bordeaux n'ont pas été capables d'arracher à l'insensibilité. Il ne peut être resté de maladie en Berguille, puisqu'il est manifestement établi que sa guérison a été miraculeuse et radicale, après avoir reçu le Saint-Viatique. Les docteurs Dusson et Leydet, venus à Fontet, pour visiter Berguille, ont affirmé qu'il n'y avait pas de maladie chez elle.

Rien n'annonce, par conséquent, des *conditions physiologiques* pouvant déterminer le cas qui les motiverait, à savoir : ce que l'art appelle des *lésions*, des *névroses*, des *faits magnétiques*.

A bout de raisons, les docteurs Mauriac et Verdale, ont avisé une hypothèse, celle d'une *lésion du bulbe, dont le fonctionnement est tout à fait inconnu à la science,* sorte de pays ténébreux, où les plus habiles explorateurs avouent qu'ils n'ont rien pu découvrir de précis. C'est une manière comme une autre d'éluder le surnaturel divin.

A cette hypothèse absurde, qui dérange l'appareil cérébral, se rattachent la *folie* et l'*hallucination*. Or les facultés intellectuelles de Berguille étant normales, c'est le comble de l'impudence que de lui supposer la folie. Mais Jésus-Christ lui-même n'a-t-il pas été taxé d'insanité !

Pour le second chef, Berguille n'est point hallucinée. « Rien n'est plus faux que cette hallucination », a écrit M. le curé de Fontet. L'hallucination est une folie partielle, mais n'a rien de commun avec Berguille, qui juge constamment des choses comme elle les voit et les entend, et elle les voit et les entend comme tout le monde. Cette fidélité d'appréciation du monde extérieur, suit Berguille dans le monde supérieur de l'extase, et l'a encore tout ce qu'elle perçoit, conformément aux règles données par l'Eglise, elle leur imprime le sceau de la même exactitude. D'une part, le *sens commun*, de l'autre, la *révélation*. Quoi de plus concluant contre les allégations des ennemis de Fontet ?

Les *nevroses* ont leur siége supposé dans le système nerveux et consistent dans un trouble fonctionnel. La *catalepsie* et l'*hystérie* peuvent présenter, dit-on, un cachet de similitude extérieure avec l'état de Berguille. Mais en mettant en regard les caractères de l'état cataleptique et de l'état extatique chez Berguille, le contraste est complet, la dissemblance on ne peut plus accusée, et ce double tableau fait ressortir l'opposition constante qu'il y a entre l'une et l'autre condition.

La même épreuve effectuée pour ce qui a trait à l'hystérie, est plus négative encore : l'état de Berguille exclut entièrement ici, les caractères physiques, comme aussi les tendances morales de cette affection morbide.

La Voyante n'a donc pas de maladie, et son état dans l'extase est donc un état entièrement à part, constitué en dehors de toutes les lois physiologiques connues, et dont le diagnostic différentiel échappe au regard d'une science purement humaine, pour relever de cette science plus haute, que Jésus-Christ a communiquée à son Eglise.

L'opposition a eu recours à l'état magnétique, et a tenté d'y trouver la raison des manifestations surnaturelles de Fontet. Mais la comparaison des faits de chacun des deux ordres, ici comme pour ce qui précède, n'a aucun point similaire et les faits de Fontet contredisent radicalement les principes et les faits magnétiques. Les états dérivés du magnétisme, comme le *somnambulisme* et l'*hypnotisme*, n'obtiennent pas plus de succès et l'antithese, entre ceci et cela, est toute au détriment des prétentions sceptiques, et à l'avantage exclusif des évènements de Fontet.

Ainsi Berguille n'est pas davantage *une malade* qu'elle n'est *une comedienne*. Elle n'est pas *une magnétisee*, et l'esprit qui parle par sa bouche ne peut en aucun cas être celui de l'homme.

L'opposition, battue sur le terrain où s'exercent les ressources de la nature humaine, refuse de trouver en Dieu la cause des faits prodigieux de Fontet, et les place de parti pris dans l'empire diabolique, en affirmant sans examen et sans preuves que le démon en est l'auteur. Deux choses contraires renversent cette prétention : *La sainteté de l'Œuvre, les assauts livrés pour la détruire.*

Le démon ne peut vouloir l'Œuvre de l'Apparition, la construction d'une basilique, portant le nom glorieux de la *Reine Immaculée des Anges* : Lourdes existe surtout pour la guérison des corps; Fontet a pour objet spécial la rénovation des âmes.

On a osé dire que Berguille était possédée depuis son enfance. Trois signes prouvent le contraire : Satan, c'est l'orgueil; Berguille est humble. L'orgueil passe promptement à ses effets pratiques, la révolte ; Berguille est pleine de soumission à son confesseur, et l'ordre étant venu de fermer sa porte à tout le monde sans distinction, elle n'a opposé aucune raison. Le démon, est un révolté, d'où la punition qui l'a frappé et sa haine contre le Seigneur. Berguille ne connaît que la mansuétude, la prière, les chants angéliques. Une fois la vision disparue, cette femme privilégiée est aux champs, aux soins du ménage, partout enfin où ses obligations l'appellent. Ce qui exclut le démon d'une manière absolue, c'est l'Apparition qui déclare ne vouloir rien faire que par l'Eglise.

Notre Seigneur, s'élevant contre la résistance faite aux sublimes instances de sa Mère, annonça à la Voyante qu'il permettrait au démon de venir, pour montrer le contraste de ce qui est satanique et de ce qui est divin. Le vendredi qui suivit, avant la fin de l'extase, les choses changèrent de face, et d'épou-

vantables symptômes furent vus. C'était une possession mo-
mentanée. Il y eut des imprécations et des blasphèmes. Le prêtre
dont les pouvoirs étaient limités, fut contraint de se retirer ;
mais le confesseur appelé , chassa le démon et fit tout cesser.
L'esprit malin declara qu'il ne voulait pas d'église et promet-
tait d'empêcher et cette construction et les manifestations, si
Berguille consentait à ne pas dire son chapelet, seulement
quinze jours. L'Extatique, dans cette tempête, protestait de sa
soumission à Dieu, et le démon étant chassé, elle revint aux
suavités de l'extase. Un jour où le démon éprouvait et tour-
mentait Berguille, protestant *qu'il ne cederait pas, parce
qu'il était,* disait-il, *plus puissant que l'Eglise,* il partit
brusquement, vaincu, désarmé, à la voix du prêtre. Les pouvoirs de l'Eglise dominant le démon, marquent que l'extase
fondamentale est divine. Cette puissance de l'Eglise sur l'enfer
fut manifeste à Fontet, pendant sept semaines, après lesquelles le démon ne parut plus. Ainsi les événements de Fontet ne
peuvent être l'ouvrage de l'esprit de ténèbres, et la théologie
les déclare célestes. L'action miraculeuse est ici évidente.

Phénomènes surnaturels dans les éléments. — La
demeure de Berguille s'est illuminée souvent, pendant la nuit,
d'une lumiere mystérieuse dont un grand nombre de personnes ont été les heureux témoins. Ce qui paraissait aux autres
des étoiles mobiles, étaient pour la Voyante des Anges d'une
beauté et d'une splendeur incomparables. M. l'abbé Barrère,
chanoine honoraire d'Agen, a recueilli et publié sur ces faits
d'indiscutables témoignages. Ces phénomènes ont commencé
en 1873, se sont fréquemment renouvelés et ils continuent
aussi bien que les extases. Au mois de mai 1877, une colonne
de feu apparut dans les airs. Au milieu était une croix rouge ;
à gauche un nuage noir qu'un glaive traversait de part en
part. La colonne s'elargissant peu à peu, descend dans la

vallée, grandit encore, s'appuie sur la chaumière, d'où elle s'étale dans toute la prairie qui sépare les deux fermes, et prend enfin les dimensions d'une splendide basilique. La famille de Berguille contempla à loisir cet imposant spectacle. Le berger Stirlin, témoigne lui aussi de ce faif. M, l'abbé Daurelle, s'appuyant sur saint Thomas, affirme ici un miracle absolu. De pareils phénomènes celestes se produisirent au xiiie siècle, lorsque Dieu voulut enfermer dans un riche sanctuaire la maison de Lorette, et ce miracle des flammes s'y renouvela, une fois l'année, pendant trois siècles. Il se reproduisit également plus tard et notamment en 1554.

L'intervention divine dans les événements de Fontet est attestee, en outre, par des guérisons nombreuses, toutes certaines, et d'un contrôle facile. M. le curé de Fontet certifie trois guérisons obtenues par l'intermédiaire de Berguille, et les miraculées ont confirmé la déclaration sous la foi du serment.

M. Castel, de Fontet même, au mois de juillet 1874, fut guéri d'une dartre cancéreuse qui le couvrait depuis 20 ans; il s'était préalablement converti.

Mme Dupuy, venue à Fontet dans un état déplorable, fut délivrée d'une maladie de cœur qui la désolait depuis 12 ans. Deux ans plus tard, elle revenait à la chaumière, implorer pour son mari qu'une jambe enflée empêchait de sortir et de travailler. Elle fut exaucee comme auparavant, à l'issue d'une neuvaine. Matin et soir, Mme Dupuy frictionnait le membre affligé avec une décoction de feuilles de l'ormeau qui ombrage la ferme, *cet arbre dont le sommet s'était couronne, un jour, sous les yeux de la Voyante, du Cœur glorieux de Notre-Seigneur, reposant sur ses branches et les bénissant et duquel tant de guérisons remarquables ont déjà découlé.*

M. l'abbé Barère raconte dans son premier volume sur Fontet, une guérison des plus touchantes, celle de Marie-Alix, fille de Paul, mécanicien, et de Marie Chapis, d'Agen. L'enfant était à toute extrémité, les feuilles de l'arbre privilégie et une double neuvaine la rendirent à la vie, à l'admiration de beaucoup de témoins. La mere et la petite fille portèrent un *ex-voto* à la demeure des apparitions : *La Reine Immaculée des Anges, entourée d'esprits celestes, lui presentant une guirlande de fleurs.* Berguille, pendant son extase prit dans ses bras Marie-Alix qui, elle-même, transformée, ravie, fut favorisée de l'auguste vision, et la Sainte Vierge lui donna à baiser un crucifix qu'elle tenait.

Au mois de mai 1877, une supérieure de communauté était rendue à la sante, à Rome, par l'usage de ces mêmes feuilles miraculeuses et l'invocation de Notre-Dame-de-Fontet. Cette guerison avait été demandee comme preuve des apparitions. Le médecin ne put prononcer que le mot de miracle. Berguille, prévenue par une lettre, avait prié pour la malade qui se mourait.

Le 6 septembre 1877, un autre prodige de ce genre s'accomplit aussi à Rome sur un vieux docteur qui, frappé d'apoplexie, recouvra la parole et assez de force pour se confesser et recevoir les Sacrements.

Parmi les guerisons obtenues par l'invocation de Notre-Dame-de-Fontet, se place surtout celui de l'aveugle Delas, de Bourdelles (Gironde), à deux ou trois kilometres de la maison de la Voyante. Depuis six ans, cet homme avait totalement perdu la vue, et s'en allait de porte en porte, mendiant son pain, au bras d'un enfant qui le dirigeait. N'attendant plus rien des hommes, Delas se tourna vers Dieu et l'alla implorer à Lorette, non loin de Bourdelles, à Verdelais, à Lourdes même. Ce fut sans résultat.

Le bruit de ce qui se passait à Fontet, si près de lui, l'y attira. Berguille lui dit d'espérer et lui recommanda la prière. Retourné auprès de l'Extatique, sa foi y reçut un commencement de récompense : Il eut dès lors l'intuition des objets dont il était environné. A sa troisième visite, vers la fin de juillet, Berguille lui dit : « *Cette fois, je sais d'une manière certaine que la Sainte-Vierge vous guérira. Elle m'a·dit que ce sera pour le 2 août prochain, fête de Notre-Dame-des-Anges.* » La Voyante, s'étant rendue à Verdelais où M. Martial, vicaire général de Bordeaux, l'avait faite appeler, donna à cet ecclésiastique la même assurance.

Ce qui était annoncé se réalisa à la lettre. Delas, à la suite de la confession et de la communion recommandées par l'Extatique, s'agenouilla à la Sainte-Table encore aveugle, il se releva ayant recouvré la vue. C'était le 2 août, dans l'Eglise de Fontet. Il voit distinctement, reconnaît les personnes, lit, va sans obstacle à la maison de Berguille d'où lui était venu ce grand bienfait, et de cela toute la paroisse était témoin. La joie et la reconnaissance inondait l'heureux miraculé.

M. l'abbé Daurelle expose, à cet endroit de son récit, une fraude tendant à atténuer l'éclat de ce miracle; mais les habiletés de l'amour-propre sont impuissantes à dénaturer ce que le Ciel a marqué du sceau de sa suprême autorité.

L'auteur des *Evénements de Fontet* accompagne ou fait suivre ses récits ou ses jugements de considérations théologiques, appuyées de citations de saint Thomas, que nous ne pouvons que mentionner dans une analyse. Il y justifie lumineusement ses affirmations. C'est tout ce qu'il nous est possible d'en avancer, vu l'espace dont nous disposons. Nous entrons après cela dans l'ordre des faits désignés par ces mots : « *Action miraculeuse dans le monde de la nature sur les âmes.* »

Le pieux observateur des manifestations, incroyant encore et luttant contre des preuves qu'il désirait invincibles, pendant une des extases, reprenait un à un dans sa pensée tous les vœux qu'il avait faits dans sa vie, à la Reine des Cieux, et les résumait en *un vœu collectif qu'il adressait au cœur maternel de Marie.* La Voyante s'interrompit soudain et dit à haute voix : *Oui, ô ma bonne Mère, entendez ce cœur qui veut vous rester fidèle; écoutez ce vœu qui s'échappe de son âme.*

M. l'abbé 'Daurelle, vaincu par ce coup d'œil qui n'est donné ni à l'homme ni à l'ange tombé, crut dès cet instant à l'intervention d'En-Haut dans les faits qui nous occupent, et en rendant compte à M. l'abbé Martial, il lui disait : « Maintenant j'ai une preuve du divin direct dans les événements de Fontet. Ces événements sont désormais infiniment respectables à mes yeux. »

Une personne malheureuse, arrivée trop tard, un jour d'extase, pour faire elle-même ses recommandations à Berguille, communiqua tout bas M. l'abbé Daurelle ses intentions. Celui-ci les exposa à la Sainte Vierge dans le fond de sa pensée. La Voyante s'interrompt encore presqu'aussitôt et dit : « *Je comprends ce vœu... Oui, agréable a notre bonne Mere. Confiance.* » Le secours fut obtenu.

Un autre jour, le même prêtre demandait, toujours intérieurement, si un jeune homme serait bien dans sa voie, en entrant dans un grand séminaire ; la réponse fut affirmative et spontanée.

Une sorte de piége était une fois tendu par M. Daurelle, par la manière équivoque dont une question était présentée, l'Apparition répondit aux diverses demandes régulières, et se contenta de sourire à celle qui ne l'était pas.

L'auteur expose d'autres faits non moins merveilleux, produisant la vue à travers l'impénétrabilité des corps et suspendant les lois de la liberté morale, ce qui constitue réellement le miracle. M. Daurelle a reçu vingt fois, à Fontet, des réponses à des demandes mentales, faites de Bordeaux à la Sainte Vierge. Ces demandes avaient lieu parfois devant le Tabernacle ou pendant la célébration des Saints Mystères.

Ces pénétrations d'âmes ont eu lieu non seulement à une distance de quelques lieues, mais encore jusques chez les nations étrangeres, de Rome en particulier. Prêtres et laïques ont reçu de ces memorables faveurs.

A ces dons élevés, Berguille unit encore le don sublime de prophétie. Elle a prédit plusieurs semaines à l'avance la périodicité hebdomadaire de ses extases. Elle a annoncé, le 12 mai 1873, la chute de M. Thiers, au témoignage de M. le curé de Fontet.

« Les affaires de la France, dit-elle, sont bien embrouillées ; mais il y aura bientôt un changement, et il n'y aura pas le mal qu'on craint. »

« Le 26 juillet, date de la vingt-deuxième apparition, la Sainte Vierge dit à la Voyante : « Je vous avais annoncé qu'il y aurait un changement dans le gouvernement, et qu'il arriverait sans qu'il y eut du mal, et vous voyez qu'il en a été ainsi. Celui qui a eté mis en place (le Maréchal-Président) est un bon chrétien, mais il est placé pour peu de temps. Vous avez besoin de dire qu'on prie beaucoup pour la France, puisque ce changement ne se faira pas sans troubles. Celui qui viendra est un meilleur chrétien encore que celui qu'on a mis, et celui-là sera Henri V. »

» La Voyante m'a juré à plusieurs reprises qu'elle n'avait jamais entendu parler d'Henri V. Il est tout à fait exact que, lorsqu'elle nous a fait part de cette apparition, elle nous a demandé ce que c'était qu'Henri V. »

Le 11 novembre de la même année, l'Apparition annonce que, si l'on prie bien, il y aura dans quelques jours, un événement remarquable qui ne sera pas encore Henri V, mais un frein à la révolution. Et le 19 novembre, le septennat était voté et affermissait la situation du Maréchal-President.

Pour des examens, pour des changements de résidence, pour des conversions, pour des guérisons, toutes choses recommandées aux prières de la Voyante, celle-ci en a annoncé à l'avance l'accomplissement et tout s'est réalisé comme elle l'avait prédit.

En un moment où l'accès de la maison de Berguille était sévèrement interdit.(mai 1877), un dignitaire ecclésiastique se rendait en France des confins de l'Autriche. Il avait le dessein caché de visiter Fontet. Or, le jour même de ce départ, Berguille annonçait, au sortir d'une extase, *l'arrivée prochaine à Fontet d'un personnage qui se mettait en route, dans un pays lointain et qui ferait ouvrir les portes de la chaumière.* Berguille allait incontinent dire à son confesseur ce qui devait arriver, pour qu'il annonçat au Cardinal la venue de ce personnage, mentionnant une parole importante de ce qu'il devait dire et marquait qu'il devait aider son Eminence à triompher d'un grand obstacle. Les choses eurent lieu comme il avait été indiqué.

On a fait beaucoup de bruit pour discréditer Fontet, d'une prédiction qui ne s'est pas réalisée ; celle qui concerne la restauration d'Henri V. Il s'agit de bien poser la question. Cette date a été retardée ou mal comprise. Berguille affirme qu'elle n'est retardée que par le mauvais vouloir des hommes. Qui de nous ignore qu'une intrigue doctrinaire seule empêcha en 1873, le retour du Roi? D'apres saint Thomas, une prophétie peut manquer de recevoir son accomplissement et rester néanmoins une vraie prophétie : 1º Parce que le voyant ne peut pas comprendre toujours exactement la pensée de Dieu, précisant où Dieu ne précise pas, donnant une forme absolue à ce qui était moins accentuée ; 2° Parce que Dieu lui-même ne livre pas toujours à un prophète les dernières conséquences de ce qu'il voit, et ne lui laisse quelquefois apercevoir que la relation des causes correspondant aux effets qu'elles doivent produire. « L'esprit du prophète, dit le saint Docteur, ainsi placé sous l'action de celui de Dieu, est comparable à un instrument défectueux : *mens prophetæ instrumentum deficiens.* »

Cette prophétie se classe parmi celles qui se nomment de prescience, parce que, d'un côté, elle n'était subordonnée à aucune menace, et que de l'autre, elle invoquait le concours de l'activité humaine, témoin *la démarche lointaine* que la Voyante dut entreprendre, à la dernière heure, sur l'ordre de l'Apparition, pour en déterminer l'énergie. Saint Thomas est très-explicite sur ce point, et il montre que par défaut de détermination de la cause seconde, bien que l'événement prédit ne suive pas l'indication prophétique émanée de la cause première, Dieu ne laisse pas d'être l'auteur de la prophétie. « Seulement ce qu'il révèle alors à son prophète, n'est pas précisément *ce qui sera*, mais ce qui *devrait être*, et restera la seule réalité vivante dans l'éternité. »

Une considération tirée de l'histoire demande à se placer ici : « Saint Bernard, consulté par le roi de France et appuyé de l'autorité du Souverain Pontife, arma par ses prédictions pour une croisade en Terre-Sainte, plusieurs nations chrétiennes. Cette expédition dont il avait prédit le succès, eut l'issue la plus lamentable. Aussi saint Bernard, que les Français et les Allemands regardaient comme un grand saint, ne fut plus à leurs yeux qu'un imposteur et un faux prophète. Absolument comme il arriva à la pauvre Berguille que tout le monde abandonna et tourna en dérision, après l'échec de sa prophétie. Mais le saint répondait : *Que ce n'était point à la légère qu'il s'était ainsi engagé dans cette grande entreprise, puisqu'il n'y avait pris part que sur l'ordre de Dieu, qui lui-même avait confirmé la prophétie par des miracles.*

« La prophétie du saint abbé était donc divine, et pourtant l'effet n'avait point suivi.

» C'est plus qu'il n'en faut pour dégager la responsabilité de Berguille, et sauver au moins sur ce point la divinité des manifestations dont elle n'a pas du reste cessé d'être favorisée. »

Il est une seconde et grande prophétie de Berguille dont l'époque n'est pas encore arrivée et qui a trouvé une incrédulité presque générale. « Attendons la décision de l'avenir, s'écrie à cet endroit M. Daurelle. Si elle donne raison à la prophétie, tout sera dit, et je pense que l'on trouvera bon ce que le Ciel aura fait; et si elle lui donne tort, rien ne saurait encore être compromis du côté des apparitions, par les motifs développés précédemment.

» Pour moi, je crois qu'elle lui sera favorable, parce que je crois aux vues de Dieu dans la souffrance. Le tombeau qu'il a permis à la calomnie puissante de creuser ici sous les pieds du faible est trop profond, et la victime qui y est descendue trop résignée, pour qu'il n'y ait pas au Ciel quelque dessein particulier sur elle. .

» Les impossibilités humaines qui déconcertent la foi de tant d'autres, deviennent elles-mêmes le plus solide fondement de la mienne. Quand Dieu annonce, en effet, qu'avec de telles humiliations il fera de la gloire, et de la puissance avec de tels écrasements, c'est qu'il promet d'agir lui-même. Là où l'homme ne peut rien, de quelque côté qu'il regarde, si Dieu laisse arriver la moindre parcelle de sa lumière, manifestant sa volonté de faire quelque chose, c'est qu'il s'engage tout personnellement, *facienda ad ipsos*, dit saint Thomas, qui range, en ce cas, la prophétie, parmi celles de prédestination, dont il proclame l'effet infaillible, parcequ'alors la cause première devient elle-même l'artisan direct de la prophétie, en même temps qu'elle en est l'inspiratrice, et que l'homme à qui elle s'adresse, n'y est plus cause agissante, mais tout s'y réduit pour lui à un rôle purement passif. *Fiat mihi secundum verbum tuum,* dit-il. Il donne son consentement et voilà tout. »

Mais pénétrons dans le monde de la grâce par rapport aux événements de Fontet; la grâce, c'est-à-dire le trésor ineffable des bienfaits du Seigneur, l'effusion des bontés et des munificences divines dans l'âme humaine, par les mérites de Jésus-Christ et son amour incommunicable pour l'Eglise. Voici trois faits à l'appui.

Une dame, dont le mari était malade et éloigné de Dieu, court, à bout d'efforts, le recommander à Berguille. Il y eut extase, ce jour là. L'Apparition répondit : « *C'est accordé, le malade va se convertir, et demander lui-même un prêtre.* » De retour chez elle, cette dame apprend que le Curé de la paroisse est auprès de son mari. Il l'avait fait appeler. La Voyante avait aussi marqué l'issue de la maladie.

En mai 1876, raconte M. Daurelle, un jeune homme se trouvait placé sur son chemin. Cet infortuné était allé bien loin dans les voies de l'erreur et de l'impiété. Aux invitations de retour, il répondait par des blasphèmes. Recommandé finalement à la sainte Vierge, à Fontet, un jour où Berguille avait tenu, pendant l'extase, le crucifix du missionnaire, il fut dit à celui-ci, après l'extase, par la Voyante : « Votre jeune homme se convertira, faites-lui embrasser votre Christ. La sainte Vierge m'a dit qu'elle y *avait attaché une grâce spéciale pour lui,* et en général pour tous les pécheurs, gardez ce Christ, il vous servira. »

Huit jours plus tard, le jeune homme allant visiter M. Daurelle, et voyant le crucifix sur sa table de travail : « C'est bien étrange ! dit-il, je ne sais comment cela se fait, mais il y a dans ce Christ quelque chose qui m'attire ; (il le porte à ses lèvres), et maintenant , dit-il, que je l'ai embrassé, je sens que je l'aime !... »

« Vous pouvez l'aimer en effet, lui fut-il répondu ! car une grâce spéciale y a été attachée pour vous, j'allais vous en parler. » Et il lui fut raconté ce qui s'était passé ; d'autres grâces suivirent ; la conversion fut complète, et le jeune homme a pris l'habit ecclésiastique et se prépare pour un vigoureux apostolat.

Deux amis, M. le Comte E. et M. se rencontrent à la gare d'Agen ; le premier se rendait à Fontet, l'autre à Bordeaux pour ses plaisirs : il était sceptique. Aux instances du noble Comte qui l'engage d'aller avec lui, il oppose ses goûts et son esprit peu croyant. Il se laisse pourtant gagner, et chose inattendue, il met à peine le pied dans la chaumière, qu'il se sent transformé ; la prière vient d'elle-même sur ses lèvres, son recueillement est des plus profonds ; il était conquis à la foi que peu d'instants auparavant il méconnaissait et méprisait. Il est entré comme religieux dans un ordre austère où il édifie toute la communaute. Et ces merveilles d'en haut seraient des prestiges diaboliques ! A qui le persuadera-t-on ? Les extases de Berguille suivent ordinairement ses communions. Or le cardinal Bona, si compétant dans la matière, approuve les visions de sainte Thérèse, *par cela seul qu'elles lui arrivaient après avoir communié.*

Achevons de monter l'échelle des perfections infinies et élevons-nous, dans notre étude, jusqu'à la gloire suprême. Le récit des choses contemplées dans le sein de Dieu, avant Jésus-Christ, appartient aux prophètes. Depuis le Rédempteur, ce sont les Voyants et les Extatiques qui ont reçu ce privilège éminent. Berguille est une de ces créatures choisies. Elle a donc en partage cette vision intellectuelle communiquant l'extase ou le ravissement parfait, qui, selon saint Thomas, ne donne pas au Voyant la béatitude absolue, mais bien l'acte : *actum beatorum.*

M. l'abbé Daurelle, toujours appuyé sur l'Ange de l'Ecole, entre en des considérations abstraites, qui échappent à l'analyse par leur profondeur , et que la théologie mystique nomme alternativement la *vision imaginaire* et la *vision sensible ou corporelle* dans le sein et les perfections de Dieu ; saint Paul, ravi au troisième ciel, nous donne une idée de ces tressaillements des extatiques dans la gloire du Créateur. L'auteur cite comme exemple les enfants de la Salette voyant en même temps la sainte Vierge et le pays qui l'entourait, même celui que son Auguste présence semblait devoir cacher à leur regard. Une triple vision se trouve en nous, dit saint Thomas, c'est-à-dire la corporelle, la spirituelle ou imaginaire et l'intellectuelle. (1, q. 93, a. 6).

Le Docteur Seraphique, de son côté, s'énonce ainsi sur le même sujet : « Certaines visions peuvent-être appelées corporelles, parce qu'elles se manifestent corporellement au Voyant ; ainsi Moïse vit le Seigneur dans le buisson ardent. D'autres visions sont imaginaires, parce qu'elles n'ont pas lieu corporellement, mais par l'office de l'imagination ou dans le sommeil, ou dans un ravissement d'esprit, comme dans les visions d'Ezéchiel et de Daniel. L'autre vision est intellectuelle, et elle illumine l'œil de l'esprit d'une clarté de vérité pure, par laquelle est contemplée en soi la vérité elle-même. (S. Bonavent., Pro 7. relig. cap. 8).

Sainte-Thérèse dit que ce genre de communications « est une chose si spirituelle qu'il n'y a aucun mouvement des puissances de l'âme et des sens, par où le démon puisse s'introduire ; mais que c'est le Seigneur alors qui fait tout, et opère tout dans l'âme. » (*in vita,* cap. 27.)

Saint Jean de la Croix, ajoute que : « ni le démon *ni l'imagination* ne peuvent produire ici aucune illusion, parce que la communication divine se substantialise dans l'âme. » (*In Ascen. mort.* lib. 2 cap. 31).

Le cas de la Voyante de Fontet est une combinaison de la vision intellectuelle et de la vision imaginaire. Elle la décrit en ces termes : « C'est une lumière si belle, si intérieure ! elle coule partout dans mon âme, mais là tout-à-fait au-dedans ! Je ne sais pas m'exprimer, mais il me semble qu'elle est au-dedans de moi comme si je l'avais mangée ! (Sainte Thérèse a exprimé la même idée). Ah ! je suis si heureuse, et ça me rend si triste, quand je me trouve de nouveau sur la terre. »

Berguille « voit le paradis dans son éclat ravissant, elle est admise jusqu'au trône de Dieu le Père, contemple notre Mère-Immaculée en adoration devant Lui, avec son divin Fils ; entend les cantiques des Anges; mêle sa voix à leurs chants mélodieux, et converse avec les plus hauts personnages de la Cour céleste, dans ce langage muet qui est moins une parole qu'un pur échange de concepts intellectuels, et qu'on nomme locution angélique ; phénomène si rare dans les *Annales* de la mysticité, même chez les personnes les plus élevées en perfection. »

M. Daurelle, ayant interrogé Berguille relativement à la manière dont la Sainte Vierge lui parlait : « Oui, je l'entends, répondit-elle, c'est-à-dire, je la comprends; mais tout-à-fait bien ! *Je vois ces paroles comme des pensées vivantes,* sans qu'Elle remue ses lèvres. C'est si beau !... Et je sens que je Lui parle aussi sans remuer les miennes ! »

Puis elle ajoute que : « La Très-Sainte Vierge était ordinairement accompagnée par un Ange, qui la suivait partout, et paraissait toujours le même ; qu'assez souvent la Sainte Vierge lui parlait par l'intermédiaire de cet Ange, et qu'alors elle voyait bien que la Sainte Vierge lui parlait, mais qu'elle ne voyait sa parole que lorsque l'Ange la lui montrait toute vivante. Tout cela se faisait dans le même instant ; et c'était si beau, disait-elle encore, qu'elle n'en pouvait donner aucune idée. »

« L'Apparition, voulant annoncer les catastrophes sociales qui nous menacent, fait passer sous ses yeux des tableaux effrayants, des batailles sanglantes avec les nations étrangères, des massacres dans l'intérieur de nos villes ; des prêtres, des évêques, des religieuses poussés pêle-mêle avec d'autres personnes aux pieds des échafauds.

« Ou bien c'est Notre Seigneur qui lui montre silencieusement son divin Cœur, d'où sortent trois glaives qui vont se séparer sur trois villes plus coupables : symbole évident des graves châtiments qui leur sont réservés.

« Ou bien encore elle voit un premier point noir se détacher d'auprès de Lui, et prendre une direction inconnue. Elle en demande l'explication, et Notre Seigneur lui répond très-distinctement : « Celui-là prend la direction du Nord, et va sur Paris. « Un second se détache, et il dit : « Celui-ci prend la direction de l'Est, et va sur Rome ». Un troisième se détache, et il dit : « Celui-ci prend la direction de l'Ouest, et va sur... » Elle a tu le nom de cette dernière ville.

Mais la vision intellectuelle et la vision imaginaire ne sont pas seules dans cet évènement. La vision corporelle s'y joint aussi. Que de fois en effet Berguille n'a-t-elle pas vu Notre-Seigneur et la Vierge-Mère en dehors de toute extase, ou continué à jouir de leur présence, après en être sortie.

« Notre Seigneur se manifesta, un jour, à la Voyante, tandis qu'elle était occupée aux travaux du ménage dans la maison, Il était de grandeur naturelle, et rayonnait d'un éclat et d'une beauté indicibles. Entr'autres enseignements qu'il lui donna, il daigna lui expliquer le mystere de sa présence au tabernacle d'amour, et joignant ensuite l'exemple aux paroles, il rappela progressivement ses rayons à Lui, diminua peu à peu sa taille aux proportions d'un petit enfant, puis à celle d'un ciboire ou il était contenu, enfin à celle d'une hostie sous la blancheur de laquelle il disparut tout entier. »

M. Daurelle ayant demandé à la Voyante si elle ne craignait pas d'être abusée par le démon, dans ses visions : « J'y ai été trompée quelques fois, dit-elle, mais maintenant, s'il revient, je le reconnais bientôt. Il y a dans sa lumière quelque chose qui pèse sur mes yeux et me fatigue. Puis je ne suis pas à mon aise, j'ai du trouble ; tandis que lorsque c'est la Sainte Vierge, plus je la vois, plus je suis heureuse. »

Et sur l'insistance du prêtre si elle etait bien sûre alors que ce fut cette bonne Mère : « Oh ! oui, il m'est arrivé d'en douter d'une extase à l'autre, surtout en voyant que l'Eglise semblait mépriser cela, mais dès que je revoyais l'Apparition, il ne m'était plus possible d'en douter. J'étais sûre de ne pas me tromper. » Ces paroles rappellent très-bien celles de sainte Thérèse elle-même, jetée dans un doute semblable par ses propres directeurs, lesquels avaient déclare à l'unanimité qu'elle était victime d'une illusion diabolique. Mais Notre-Seigneur lui étant apparu de nouveau, elle se trouva à l'instant si rassurée « qu'elle se serait prise à se disputer avec le monde entier pour soutenir que c'était Lui ! » (In vit. cap. 25).

Ne perdons pas de vue qu'à Fontet, la Voyante ne monte à ces hauteurs ruisselantes de lumiere, chaque vendredi, qu'après un long portement de croix qui l'associe à toutes les souffrances de son divin Maître, et lui fait goûter chaque fois, jusqu'à l'amertume de sa mort. *Aportet pati et ita intrare in gloriam.*

« Tout repose donc à Fontet sur le prodige de la vision intellectuelle. La vision intellectuelle fait le fond vivant et consistant des faveurs divines dont la Voyante est honorée. Là est le vrai point de contact entre elle et le monde céleste, et la première source des lumières qu'elle en reçoit.

» De là ses joies, son bonheur, ses transports, ses larmes et ces éclairs subits qui illuminent son visage et transfigurent jusqu'à ses paroles et son geste. Il y a en effet dans toute son attitude comme dans ses discours, une dignité, une pureté, une élévation à la fois sublime et simple, qui annonce et publie, à son tour, la présence des hôtes glorieux qui fréquentent son âme, et communiquent à tout son être une transparence qui est un reflet de la patrie d'où ils viennent. »

Que l'opposition se retranche maintenant sur l'obscurité de cette paysanne ; l'Eglise lui montre d'autres âmes privilégiées prises également sous le chaume pour voir Dieu face à face. Que la résistance s'etonne du choix fait d'une femme engagée dans les liens du mariage ; nous lui demanderons si Dieu a cessé de faire ce qu'il veut ; s'il n'a pas vu dans cette élection un moyen de relever la famille où tant de devoirs sont aujourd'hui méconnus ; si cette grande thaumaturge contemporaine connue à Rome, pendant un demi-siecle, n'a pas été elle même épouse et mere de famille ?

Si Berguille, dit l'apologiste de Fontet en finissant, *avait été dans la mauvaise voie, les malédictions du Ciel seraient déjà tombées sur sa maison,* tandis que toutes les bénédictions y sont descendues sur les corps comme sur les âmes. L'harmonie y règne avec le goût du travail ; les santés s'y maintiennent ; les fils, après quelques premiers ennuis, sont devenus eux-mêmes plus chrétiens. Il n'y a pas jusqu'aux champs, arrosés des sueurs de la pauvre famille, que Dieu ne féconde exceptionnellement, en les couvrant, même dans les années mauvaises, de récoltes prospères dont le contraste avec celles des pays environnants, dit bien aussi, à sa manière, ce qu'il faut penser de ces faveurs.

Les hommes passeront, a dit Notre-Seigneur à la Voyante, dans plusieurs extases; *mais l'œuvre de ma Mere restera et s'étendra non-seulement à cette paroisse et à ce diocèse, mais au monde entier ! ! ! !*

P.-S. M. Daurelle consacre, page 153, quelques mots à l'*Extatique de Blain*, Marie-Julie, en qui il voit, dans la souffrance et dans l'élection céleste une sœur de Berguille, il dit en parlant de la première : « C'est peut-être le fait de stigmatisation le plus complet et le plus riche de l'histoire. »

Nous croyons, en effet, que les manifestations de Fontet comme celles de Blain, sont de même nature et qu'elles viennent d'En-Haut.

Notes extraites du livre de M. V. de Portets : Suite aux Lettres, *sur la Voyante de Fontet (1876).*

22 janvier 1876. « Le crucifiement a eu lieu avec les caractères ordinaires. Après la communion mystique, Notre Seigneur et la Sainte Vierge ont apparu simultanément à la Voyante, et l'ont beaucoup consolée. Alors Berguille, suivant le conseil d'une sainte religieuse, a prié la Sainte Vierge de vouloir bien faire un signe de croix et un acte d'amour de Dieu, pour prouver que c'était bien elle et non pas le démon qui apparaissait. Aussitôt Notre Seigneur et la Sainte Vierge se sont signés, puis Marie s'est mise a genoux au pied de la Croix que le Sauveur tenait devant Lui, et elle a fait, à haute voix une magnifique prière. »

Cette prière, la voici :

« O Croix adorable de mon Sauveur, je te salue avec respect et amour, parce que tu mérites le respect du ciel et de la terre. Que ta dignité est peu connue! C'est le lien qui tient Dieu attaché à l'âme et l'âme attachée à Dieu; c'est le port du salut, l'espoir et la confiance des âmes humbles, qui ont à cœur d'être méprisées et humiliées, parce que vous, ô mon Dieu, vous avez choisi l'humiliation et le mépris, vous avez été disposé à souffrir toutes sortes d'affronts et d'injures, pour les péchés des hommes et le salut des âmes.

» O mon adorable Jesus, j'embrasse votre sainte Croix, et je la prends avec un entier abandon a vos desseins, contre mon cœur. Que votre sainte et adorable volonté soit faite, sur la terre comme au ciel. Ainsi soit-il. »

30 avril. « Eloignez de moi, Seigneur tout ce qui peut m'eloigner de vous... Le demon est bien irrité contre elles, Seigneur. (Palma et Louise Lateau). »

14 mai. « La manifestation a exceptionnellement duré. Elle a commencé le 14 mai à 1 h. 40, et ne s'est terminée que le 15 a 4 h. du soir, et il a fallu l'intervention de M. le Curé de Fontet, directeur spirituel de Berguille, pour la faire sortir de l'extase. »

« Revenue à son état naturel, Berguille s'est entretenue pendant 17 minutes avec M. le Curé. Celui-ci, pour l'éprouver, a cherché à lui persuader qu'on etait encore à vendredi, en lui disant : « Vous voyez, Berguille, qu'il n'y a pas longtemps que vous souffrez ; il n'est pas plus de 4 heures, vous viendrez vous confesser demain, comme tous les samedis. » — « Il me semble pourtant, repond Berguille, qu'il y a bien longtemps ; je suis étonnée qu'il ne soit pas plus de 4 heures. » A 4 h. 17, Berguille tombe en extase de nouveau pendant 3 minutes. La Sainte Vierge lui apparait et lui dit : « C'est aujourd'hui samedi, et il y a 26 heures que vous êtes là ; vous pouvez le dire. » Puis elle bénit l'assistance et disparait. Berguille, revenue à son état naturel, se tourne vers son directeur : « Je sais, dit-elle, que c'est aujourd'hui samedi et que je suis ici depuis 26 heures. — Comment savez vous cela, reprend M. le Curé. — La Sainte Vierge vient de me le dire. »

« La manifestation du 21 mai a duré 4 jours. Commencée le vendredi 21 mai, à 1 heure 17 minutes, elle n'a cessé que le mardi suivant, 25 mai, à 1 heure du soir; et il a fallu comme dans la précédente, l'intervention de M. le Curé de Fontet, pour faire sortir Berguille de l'extase. »

Berguille fut surtout soumise, dans cette manifestation prolongée, à une violente épreuve de la part du démon. On en jugera par ces paroles qu'elle prononce le 23, à 9 heures du matin.

« O mon Dieu, ne m'abandonnez pas, je vous en supplie, venez à mon secours... O mon Dieu, ne me laissez pas succomber... O mon Dieu !... Retire-toi (elle voit le démon)... Oh! quelle épreuve! mon Dieu !... Oh! par charité, mon Père, sortez-moi de la, je vous en supplie ; au nom du bon Dieu, je vous le demande... Mon Dieu quel martyre!... Oh ! c'est bien pour votre gloire, ô mon Dieu, que je veux souffrir, ce n'est pas pour lui (le demon)... Vous comprenez ma douleur, mon Dieu, ayez pitié de moi ; soutenez-moi, mon Dieu ; vous savez que je ne puis rien sans vous. Oh ! je suis trop faible, mon Dieu... O mon Dieu, il veille le moment de me faire succomber... Oh ! il veut me la faire payer bien cher, ô mon Dieu... Oh ! avec ça, oui (elle prend un crucifix)... Oh! non, ce n'est pas toi qui m'en feras sortir... O Sainte Vierge, ayez pitié de moi, donnez-moi le courage, je vous en supplie... Oh! vous savez bien que vous pouvez le chasser... Oh ! quel terrible moment! Quelle épreuve! Oh! ne me laissez pas

succomber... Oh! il est prêt à tomber sur moi, ne m'abandonnez pas... Oh! non, non, non, tu ne sortiras pas de là...
O mon Dieu, venez à mon secours, je vous en supplie... —
9 h. 20. Oh! il revient encore avec le feu! Oh! quelle secousse,
mon Dieu!... Oh! cette main! Oh! tu veux m'étrangler?
Oh! tu ne me toucheras pas. Tu la vois (la croix qu'elle tient
à la main)? Avec la grâce de Dieu, je te défends de la toucher... Oh! quelle rage!

10 heures (Elle récite les prières de la messe à haute voix).

3 h. (Elle commence les vêpres: *Pater noster, Deus in
adjutorium,* etc.). Arrivée à l'hymne, elle dit : « Ma bonne
Mère, je ne sais pas, je ne comprends pas ». Puis elle continue en récitant l'hymne de la sainte Trinité dont l'Eglise
célèbre en ce jour la fête.

3 h. 30. (Elle récite les litanies de la Sainte Vierge en latin).
En ce moment, on les chantait à l'église paroissiale à l'occasion du mois de Marie ».

28 Mai. — Voici la plus longue et peut-être la plus saisis-
sante des manifestations qui se sont produites jusqu'ici à
Fontet. L'extase a duré cinq jours sans interruption. Commencée le vendredi 28 mai à midi 45 minutes, elle n'a cessé que
le mercredi suivant, 2 juin, à 10 heures 20 du matin. Je ne
saurais mieux faire, pour résumer les faits importants de
cette période, que de reproduire les termes d'une lettre que
j'adressai, quelques jours après, à un de mes plus honorables
correspondants.

Voici à peu près comment je m'exprimais :

« La manifestation du 28 mai est remarquable entre toutes,
parce qu'elle a mis la science médicale aux prises avec le surnaturel de Fontet et que la victoire est restée au surnaturel.
L'archevêché de Bordeaux, impressionné par les deux manifestations précédentes, avait envoyé officieusement à Fontet

trois médecins bordelais, pour examiner l'état de la Voyante. Deux autres médecins des environs de Fontet se sont joints à eux. Ils se sont rendus ensemble chez Berguille, le 2 juin, vers 9 heures, accompagnés de M. le curé de Fontet. Berguille était toujours en extase. Ils l'ont examinée longuement, lui ont fait subir différentes épreuves, et ont essayé par tous les moyens possibles, mais inutilement, de la ramener à son état naturel. Alors M. le curé s'est approché; il lui a ordonné, *au nom de l'Eglise*, de sortir de l'extase et de se lever ; aussitôt elle s'est levée, et l'extase a cessé, à la grande stupéfaction des cinq docteurs, qui avaient épuisé sans succès toute leur science. Le fait a eu lieu en présence d'une vingtaine de témoins, parmi lesquels je mentionnerai spécialement M. l'abbé B***. Revenus de leur étonnement, les médecins ont fait subir un interrogatoire à la Voyante, et finalement ils lui ont proposé de manger. Berguille a accepté; elle a mangé devant eux avec de fort bonnes dispositions, et les cinq docteurs se sont retirés, pour aller déjeûner eux-mêmes, sans avoir pu se mettre d'accord sur la nature de cet état extraordinaire. Le soir, Berguille est allée travailler aux champs, comme dans les jours ordinaires. Je ne sais qu'elle sera la conclusion des cinq docteurs, mais je serais fort étonné s'ils avouaient le surnaturel. Il n'est pas aujourd'hui dans les habitudes de la science médicale de s'élever au-dessus de la matière. Quoi qu'il en soit, Notre-Dame de Fontet continue son œuvre, en dépit des oppositions et des railleries, et Fontet n'a pas dit son dernier mot, quoique la *Semaine catholique* de Toulouse ait dit le sien sur Fontet.

«Dans le cours de cette extase extraordinaire, la Sainte Vierge, apparaissant à Berguille, environnée d'une multitude innombrable d'anges, lui a affirmé de nouveau qu'elle serait honorée d'une manière spéciale à Fontet, et que les grâces accordée par elle en ces lieux bénis égaleraient le nombre des anges qui forment sa cour. Elle a annoncé en même temps que bientôt elle convaincrait les incrédules par un prodige éclatant. Déjà des signes merveilleux se sont manifestés au-dessus de la demeure privilegiée. Un berger, qui habite Fontet, a vu naguère, pendant la nuit, briller sur la modeste maison de Berguille une colonne lumineuse, entourée d'une myriade d'étoiles étincelantes. A Fontet comme à Bethléem les bergers sont les premiers appelés ; bientôt viendra le tour des Rois.

« Depuis que j'ai écrit cette lettre, j'ai eu quelques renseignements sur le résultat de l'examen fait par les docteurs bordelais. Il n'a pas été aussi défavorable au surnaturel que je l'avais pensé. L'un d'eux a déclaré que Berguille etait sous l'empire d'une maladie. Les deux autres ont déclaré que l'état de Berguille était surnaturel, sans oser publier ouvertement leur opinion. En définitive, comme je l'ai annoncé, la victoire est au surnaturel. Que l'autorité ecclesiastique veuille bien faire maintenant un examen théologique, la victoire, je n'en doute pas, restera à la divinité ».

25 juin 1876. « La Sainte Vierge a désigné encore à Berguille le grand paladin de la révolution cosmopolite, qui a eté l'instrument de tant d'énormités. Nul doute que les honneurs accordés à cet odieux ennemi de l'Eglise et du Pape, ne déchaînent bientôt sur l'Italie les terribles châtiments dont elle est menacée.

» La divine mère a donné aussi à Berguille l'esperance du prochain triomphe, en lui montrant la fleur symbolique du lys répandue sur toute la terre et le Saint-Père délivre par ce signe sacré. Puissions-nous voir bientôt la réalisation de cette espérance. »

9 juillet. « Une vingtaine de personnes étaient présentes, ce jour-là, à la manifestation ; quatorze ont vu la sainte hostie

sur la langue de Berguille, au moment de la communion mystique. Notre-Seigneur a expliqué à la Voyante que ces quatorze personnes avaient obtenu ce privilège en l'honneur des quatorze stations du chemin de la croix.

« La Sainte Vierge a beaucoup parlé à Berguille des malheurs qui nous menacent, en déplorant l'aveuglement des hommes qui ferment obstinément les yeux à la lumière. Elle a recommandé encore la dévotion du chapelet, en expliquant les prières qui le composent. J'ai déjà eu l'occasion d'insister sur l'importance de cette pratique de piété. Nulle pratique, après la dévotion au Sacré-Cœur de Jésus, ne paraît plus propre à attirer sur nous les bénédictions et les secours divins dont nous avons besoin pour être sauvés.

16 juillet. « Cette manifestation a été remarquable par sa durée et par les terribles menaces que la Voyante a proférées pendant l'extase. Commencée le vendredi, 16 juillet, à midi 40 m., elle ne s'est terminée que le lendemain à 7 h. 20 du matin. Pendant la communion mystique, la sainte hostie a été vue encore par quatorze des personnes présentes. Je ne puis mieux résumer les faits de cette manifestation qu'en reproduisant ici une lettre qui m'a été adressée par un témoin oculaire, de mes amis. Voici cette lettre :

« Vendredi dernier, j'ai eu le bonheur d'être au nombre des quatorze personnes qui ont vu très-distinctement la sainte hostie sur la langue de notre pieuse Berguille, pendant la communion mystique. Cette hostie, d'une blancheur éclatante, avait une grandeur intermédiaire entre les dimensions d'une pièce de cinquante centimes et d'une pièce de un franc, mais elle se rapprochait davantage de cette dernière dimension. Berguille a avancé la langue une première fois, comme pour montrer qu'elle ne recélait aucun corps étranger, puis, après l'avoir retirée dans le palais, elle l'a avancée de nouveau. On a vu alors très-nettement sur l'extrémité antérieure une hostie très-blanche, ayant les dimensions que je viens de signaler. Tous les témoins l'ont vue de la même manière et sous la même forme ; l'illusion n'était pas possible. Berguille a reçu la sainte communion, comme toujours, avec le plus grand respect et le plus profond recueillement. J'ai assisté à toutes les phases de cette belle manifestation ; j'ai recueilli toutes les paroles prononcées par la Voyante, et je vous les transmets.

» L'extase a duré sans interruption jusqu'au samedi, 17 juillet, à 7 heures du matin. J'ai passé toute la nuit auprès de Berguille avec M. B..., l'observant attentivement. Elle pleurait presque continuellement. Les terribles malheurs qu'elle entrevoyait dans un avenir très-prochain et qu'elle a annoncés d'une manière si frappante, expliquent assez sa tristesse. Sa douleur visible n'était, comme toujours, que le reflet de la douleur invisible de Marie. La divine Mère, nous a-t-elle dit, était spécialement affligée ce jour là de la résistance des fidèles à la grâce qui les prévient d'une manière si touchante, et de l'obstination avec laquelle on ferme les yeux à la lumière.

» Le samedi matin, vers 7 heures, Berguille s'est mise à réciter la messe en latin, en union avec M. le curé qui célébrait en ce moment le saint sacrifice à l'église paroissiale. J'ai entendu divers passages, et, en particulier, la préface. Arrivée à la consécration, elle s'est arrêtée ; elle a pris un paquet de scapulaires du Sacré-Cœur, que j'avais porté ; elle l'a présenté pour le faire bénir ; elle a présenté également les différents objets qui étaient restés sur le lit, puis elle est sortie de l'extase.

» Je dois vous faire connaître un incident remarquable qui s'est produit au dernier moment. Vous verrez dans les paroles de Berguille que le samedi, vers 5 heures, elle a réclamé des prières publiques dans toutes les églises, et une intention particulière au saint sacrifice. M. B..., qui était parti pour prendre le train du chemin de fer, avait cru devoir communiquer ce fait, avant son départ, à M. le curé de Fontet. Celui-ci, touché de cette révélation, eut soin de mentionner au saint sacrifice l'intention qui lui était signalée. A midi, je vis M. le curé et je lui dis que vers 7 h. 18, Berguille avait senti que quelque chose se faisait pour elle au saint sacrifice, et que peu après elle était sortie de l'extase. M. le curé a reconnu que c'était juste le moment où il mentionnait l'intention spéciale de Berguille, et il a été très-frappé de ce fait.

« M. B... et moi nous avons remis à l'archevêché le relevé de toutes les paroles que Berguille a prononcées, en appelant d'une manière spéciale l'attention de l'autorité ecclésiastique sur cette remarquable manifestation. Nous espérons qu'avec l'aide de Dieu, la lumière se fera avant longtemps de la manière la plus complète. »

———

Citations de l'opuscule de M. l'abbé Barrère, chanoine honoraire d'Agen : Berguille ou l'Extatique de Fontet.

Après le mois de janvier 1875 « Berguille reçut la défense d'ouvrir sa porte aux visiteurs, le vendredi, mais encore de parler de ses apparitions, et surtout des révélations qu'elles pouvaient contenir.

» Mais Dieu, dont les desseins sont insondables, trouve le secret de faire.parler l'Extatique sans la moindre désobéissance. A partir du jour de saint Joseph, 19 mars, Berguille parle et fait des révélations durant ses extases, alors qu'elle n'a plus la conscience de ce qui se passe autour d'elle. Elle ne parle pas inutilement; le jeune et pieux Laclavetine est autorisé à recueillir ses paroles. D'un autre côté, ne voulant pas entraver d'une manière absolue la divulgation de ces manifestations, l'archevêché de Bordeaux donne assez souvent des au-

torisations particulières à ceux qui ont quelques motifs sé-
rieux d'en être les témoins ».

—

« Marie Josseaume, née Bergadieu, est connue dans le
pays sous le nom de Berguille. Elle a eu trois enfants et il ne
lui reste que deux fils, âgés, l'un de vingt ans, l'autre de
seize. Elle même en a quarante-cinq (1875). Avec elle habite
sa nièce, veuve, vulgairement appelée Tapiotte, et une jeune
fille de cette dernière, du nom d'Hermance ». Cette enfant a
été favorisée plusieurs fois de la vision de la Sainte Vierge.

« Sainte Brigitte était mariée : elle avait huit enfants, ce
qui ne l'empêchait pas de recevoir fréquemment les révélations du Ciel. Ceci soit dit pour ceux qui ne veulent pas comprendre qu'étant engagée dans les liens du mariage, l'humble
paysanne de Fontet puisse avoir de pareilles révélations. Brigitte eut des doutes sur ses visions; elle craignait les illusions
du démon. Dans cette prophétie, Dieu lui dit : Va trouver le
prêtre Mathias, expert dans le discernement des deux esprits »

Brigitte prophétisa contre la cour de Suède, contre le
royaume de Chypre, sur les malheurs de Rome, en l'absence
des Papes, alors à Avignon. Elle fut traitée de *séductrice*,
de *fourbe*, de *sorcière*, et pourtant ses prédictions, qui
étaient formidables, s'accomplirent à la lettre.

Berguille marche, chaque vendredi, sur les pas de notre
Seigneur sur la voie douloureuse. Elle subit ensuite le crucifiement mystique.

« L'ayant interrogée, dit M. l'abbé Barrère, après l'extase,
elle me dit qu'elle voit en tableau vivant la scène de la Passion. Elle suit le divin Sauveur portant sa croix sur le chemin
du Calvaire ; elle voit le peuple en délire, entend ses cris
insensés, les cris des bourreaux et les coups de marteau re-
tentissant sur la Croix où le divin Sauveur est cloué. Toutes
les douleurs du Christ, elle les ressent elle-même ».

Fontet depuis la clôture de la Chaumière.

Voilà une année que la porte de Berguille est fermée au public religieux, et que les manifestations continuent comme par le passé. Est ce à dire que les merveilles divines soient ainsi annulées, parce que des prescriptions regrettables les condamnent à l'oubli ? Tout sert dans le ménage de la Providence, et Celui qui illumina les mondes, peut, d'un instant à l'autre, souffler sur les obstacles pour les anéantir, et faire éclater à la face du monde les effets de sa puissance et les trésors de sa miséricorde.

Nos temps, accablés sous un poids immense de malédiction, sont condamnés à subir la peine de l'apostasie universelle. Mais les victimes expiatoires, comme les Voyantes, amoindrissent la somme du châtiment encouru. Elles préparent en outre la réhabilitation et l'avenir prochain qui doit rendre au bonheur et à la paix, les peuples et l'Eglise de Jésus-Christ. Soyons donc persuadés que rien ne se perd, à vrai dire, dans les mysteres que le Tout-Puissant révèle à sa Servante de Fontet, et que Notre-Dame-des-Anges, ambassadrice des volontés suprêmes dans les événements qui nous occupent, saura bien tirer sa gloire comme celle de son Fils, et des résistances injustifiées que nous déplorons, et de l'obscurité à laquelle elles ont prétendu vouer les appels de la Grâce et les sublimes avertissements que nous avons exposés dans ces pages. N'oublions pas surtout que la question de Fontet, non plus que celle de Blain, pour laquelle Mgr Fournier était allé à Rome, où la mort l'a surpris, ne peuvent plus longtemps laisser le Vatican silencieux. Attendons avec autant de respect que de confiance, et l'examen attendu et la sentence de l'infaillible autorité. La clôture absolue de la chaumière de Fontet nous semble un gage de plus d'une prochaine justification.

PRODIGES DE BLAIN

Marie-Julie, ses extases, ses prophéties.

———◦—◦—❦—◦—◦———

Marie-Julie Jahnie, comme l'Extatique de Bois-d'Haine, ne prend aucune nourriture. Elle souffre, chaque vendredi, les douleurs de la Passion de Jésus-Christ, et ses extases sont recueillies religieusement. Feu Mgr Fournier, évêque de Nantes, avait porté à Rome un volumineux dossier, relatif aux faits surnaturels de la Voyante, à qui il appliquait l'appellation de sainte. Sur les invocations de Marie-Julie, il y a eu des grâces divines accordées, et cent particularités surnaturelles parlent en faveur des prodiges que le Seigneur fait éclater à Blain. Le lecteur trouvera dans les pages qui vont suivre un récit fidèle dans leur ensemble de ces pieuses sublimités. L'avenir est ici retracé en caractères éblouissants. Nous citons textuellement les témoignages de M. C., qui expose avec une exactitude scrupuleuse les manifestations que nous signalons et dont nous donnons la primeur au public religieux. Cette relation est ainsi une propriété.

A. M. G....., à Brest. — 9 juillet 1875.

Je veux profiter de cette occasion pour vous parler de Marie-Julie. Depuis trois mois je l'ai vue plusieurs fois, et chaque fois j'ai été de plus en plus frappé.

Vous vous rappelez une dernière lettre. Toutes les merveilles qu'elle annonçait devaient se réaliser bientôt. Au mois d'avril ce n'était plus que l'affaire de quelques heures (1) ; il fallait encore quelques prières et quelques conversions.

Au mois de mai, ce délai n'était *plus que d'une heure.*

Au mois de juin, elle parlait comme si la chose était faite ou se passait.

Vous n'avez pas oublié certaine branche de laurier desséchée à l'origine et qui devait reverdir peu à peu, pour refleurir au moment de la crise. Cette branche n'a cessé d'apparaître depuis deux ans, tantôt à demi-fleurie, tantôt desséchée de nouveau. Le 15 juin dernier, j'ai su que maintenant *elle était toute entière fleurie*, et que Marie-Julie n'aurait plus d'autres signes lui annonçant la crise suprême.

Du reste, je ne puis mieux faire que vous copier textuellement mes notes, prises, chaque jour, pendant mon dernier séjour à Blain.

19 Avril 1875. — Je voudrais pouvoir transcrire mot à mot une vision récente que M. l'abbé David (confesseur de Marie-Julie) m'a communiquée. — En voici le résumé :

Marie-Julie était transportée dans un désert aride et désolé, au milieu de ténèbres confuses. Devant elle était un tombeau, celui de la France. Il s'en exhalait des odeurs méphitiques qui ne permettaient pas de l'approcher. Tout à coup une

---

(1) Dans les prophéties une heure signifie généralement une année. Note de A. P.

lumière brille et Jésus-Christ descend, ouvre le sépulcre, se penche sur le cadavre et le prend dans ses bras doucement et tendrement (comme saint Joseph prenait l'Enfant Jésus). La France se réveille et le Sauveur lui parle avec amour dans un langage tout embaumé des divines ardeurs du Cantique des cantiques. Il lui promet de prochaines bénédictions, de prochaines gloires, des triomphes qui dépasseront toutes les victoires passées, parce qu'elle pleure ses fautes, qu'elle se repend ; parce qu'elle se jette avec amour dans le Sacré-Cœur. Puis Jésus-Christ la recouche et disparaît.

4 Mai 1875. — Encore le tombeau de la France ; mais elle en est sortie. Elle se tient immobile devant Jésus-Christ qui lui sourit tendrement. Elle est enveloppée d'un long suaire noir : ce sont ses crimes. Jésus-Christ l'en dépouille à demi, jusqu'à la hauteur de la poitrine, et il couvre la tête d'un voile éclatant de blancheur. Puis il arrache de son cœur un *lys fleuri et le plante dans le cœur de la ressuscitée.*

19 Mai 1875. — Vendredi dernier Marie-Julie a vu la France, fille de Jésus-Christ. Elle était presque montée au dernier des degrés du trône sur lequel il était assis. Son suaire noir était entièrement tombé, le Sauveur le foulait sous ses pieds, et la France aussitôt se paraît d'un manteau blanc, couvert de fleurs de lys d'or, qui l'enveloppait des pieds à la tête.

24 Mai. — M. David m'a lu l'extase de vendredi dernier. Je la résume :

Jésus-Christ était assis sur un trône resplendissant ; il avait auprès de lui sa Mère. La France se présente toute vêtue de blanc et de fleurs de lys ; elle est déjà couronnée ; mais pas encore de la grande couronne qui ne lui sera donnée qu'à l'heure de son salut. De son cœur sortait le lys que Jésus-Christ y avait déposé ; il était chargé de fleurs, et parmi ces fleurs, il en était une qui brillait plus grande et plus éblouissante.

La France gravit les marches du trône. La Vierge priait, souriait et pleurait. Son divin Fils s'écrie alors qu'il est vaincu, qu'il ne peut plus résister, qu'il oublie, qu'il pardonne. « A vous, désormais, ma Mère, à vous seule ma toute puissance ; à vous seule de commander et de fixer l'heure de la victoire de votre fille bien-aimée ». Et prenant dans son cœur une goutte de sang et une larme aux yeux de la Sainte Vierge, il dépose ce mystérieux mélange dans la grande fleur du cœur de la France.

A la droite du trône était agenouillé Pie IX. Jésus-Christ l'appelle, en le nommant son cher fils, il le fait monter à ses côtés ; puis : « Tu as assez souffert ; il est temps que tu sois consolé et que tes ennemis disparaissent, afin que ta gloire règne en souveraine dans l'univers ». Le Pape en pleurs et pressé sur le cœur de son Maître, s'écrie qu'il ne mérite pas une telle récompense ; qu'il est indigne de telles splendeurs. — « Que dois-je faire, ô mon Sauveur, s'écrie-t-il, pour gagner cette couronne que vous me promettez ? »

— « Rien, rien, lui répond Jésus-Christ, tu en as fait assez ; vis encore ; je t'ai promis de longues années et une longue et énergique santé, pour que tu fasses aimer mon Sacré-Cœur par tous les hommes »,

A gauche du trône était le Roi. Il monte à son tour, mais un peu moins haut que le Pape et reçoit, lui aussi, les divines promesses. Il est le fils bien-aimé de la Vierge et il règnera avec son drapeau, symbole de pureté et de gloire.

Cependant tous les grands saints qui protégent la France planaient à l'entour. Au premier rang, revêtu de ses armes, saint Michel semblait attendre fièrement l'heure de la lutte contre le mal.

15 Juin 1875. — Le laurier est fleuri ; Marie-Julie n'aura plus d'autre signe ».

— Connaissez-vous quelque chose de plus imposant que les tableaux allégoriques qui précèdent? Cela est grand comme les Livres saints. Les divers degrés qui marquent la résurrection de la France et la majesté dont le Seigneur la couvre, sont supérieurement accusés : ces paroles touchent , elles émeuvent ; elles confirment les promesses qui nous font tressaillir de joie, au milieu des tristesses qui nous désolent — A. P.

M. C. place ici une note, en souvenir d'une précédente vision . « J'ai remarqué, dit-il, une parole de Jésus-Christ : il ne parle plus au futur, mais au présent ; il ne dit plus : Je frapperai, il dit : Je frappe.

« Que pensez-vous des inondations ? ajoute M. C. ».

Il continue de citer ses notes :

15 Juin 1875. — Hier, vers quatre heures du soir, Marie-Julie, après une longue extase, a raconté à M. David, toute la cérémonie qui avait eu lieu, le matin, à Montmartre, notant expressément la présence du duc de Nemours parmi les laïques. « Désormais, a-t-elle ajouté, il ne faut plus chanter : Sauvez la France, mais la France est sauvée ».

18 Juin 1875. — Marie-Julie a parlé plus longtemps que de coutume et plus clairement que jamais. Elle a levé hardiment tous les voiles de l'avenir et, chose remarquable, tous les récits semblaient se rapporter à des évènements présents et non plus à des faits à venir, comme autrefois. C'était l'histoire du moment qu'elle semblait raconter.

Toutes les révélations qu'elle avait dictées en secret à M. David, parce qu'alors il était défendu d'en parler publiquement, revenaient dans sa bouche sans réticence. Evidemment le temps avait marché et les événements avaient marché avec lui, quoique nos yeux à nous ne le voient pas encore.

Ainsi nous contemplions la France renfermée dans son tombeau étroit et douloureux ; elle luttait pour le briser et pour en sortir, afin de revenir au jour ; mais elle retombait sans cesse, déchirée par les clous du cercueil qui ensanglantaient ses membres et son front.

Puis, Jésus-Christ descendait, ouvrait la tombe, prenait la morte bien-aimée dans ses bras, la ranimait, la consolait, la fortifiait en lui prodiguant toutes les espérances et en acceptant ses pleurs et ses sanglots d'expiation.

Debout bientôt et penchée sur la poitrine de son Rédempteur, la France laissait choir le suaire ténébreux qui l'enveloppait et elle se vêtait d'un manteau blanc semé de fleurs de lys d'or ; sa tête se parait d'une . première couronne petite encore ; son cœur recevait le lys fleuri qui avait germé dans le Sacré-Cœur et, resplendissante enfin de gloire et d'allégresse, elle s'approchait du trône de Jésus-Christ qui lui souriait et l'accueillait avec transport.

Puis, c'était le Pape qui, lui aussi séchait ses larmes et oubliait ses douleurs pour s'abandonner à toutes les joies du triomphe de Dieu.

C'était encore le Roi, amené par la Sainte Vierge qui l'aime comme son fils, à cause de son innocence. Il apparaissait en souverain, couronné de grandeur et ombragé par les plis de son drapeau.

Bientôt le tableau changeait et se complétait. La France, suivant son chef légitime, marchait reposée sur le cœur de la Vierge, et sa petite couronne se transformait en diadème de victoire (La grande couronne verte et blanche, parce qu'il n'y aura plus que ces deux couleurs). Le Sacré-Cœur s'unissait à Marie, pour l'assurer de son amour, et lui annoncer une fois de plus qu'elle vaincrait ses ennemis dans un triomphe sans égal, qui sera le dernier.

(Pourquoi ces mots : qui sera le dernier? Je suis sûr de les avoir entendus).

Et toujours ce triomphe était dépeint comme un fait présent, acquis.

« La France est sauvée », répétait sans cesse Marie-Julie.

Les bons, les amis du Sacré-Cœur, étaient groupés en masses profondes derrière la France, précédés de tous les saints qui protégent la fille aînée de l'Eglise.

En face se dressait l'armée furieuse des impies, mais ses colères étaient impuissantes et, tout à coup, cette armée était miraculeusement anéantie.

Pour la première fois, Marie-Julie a fait une allusion à la Prusse. Elle voyait un trône élevé pour être le centre et l'appui de l'impiété. Soudain il s'évanouit « comme une fumée ». Mais aussitôt, tous les méchants transportés de rage, trouvaient encore le moyen de se réunir et de se jeter sur la France. Ils arrivaient *jusqu'à la frontière du Fleuve* qu'ils ne franchissaient pas, parce que la Sainte Vierge avait planté sur la rive un lys foudroyant ».

— Il y a dans cette continuité d'affirmations, une majesté qui étonne, qui subjugue. Celui qui entendrait cet exposé sans émotion, ne saurait être qu'un sceptique, or tout sceptique invétéré est un méchant. Ces pages si élevées, si bibliques, si on nous permet l'expression, sont en pleine concordance avec l'ensemble de nos prophéties. Il y a même ici plus de clarté que presque partout ailleurs. — A. P.

A M. S.— Lettre du 14 septembre 1875. (Extrait).

Je me trouve, à propos de Marie-Julie, lancé dans une série d'incidents plus ou moins merveilleux. Poussé par ce que je lui en avais raconté, un religieux capucin est allé la voir. A son arrivée, il a trouvé écrit depuis quinze jours, sous la dictée de Marie-Julie, le 23 juillet, le récit complet d'un exorcisme qu'il n'a réalisé que le 3 août (il est arrivé à Blain le 5). Seulement Marie-Julie annonçait que l'ex-possédée devait, pour achever sa guérison, écrire avec son sang une rétractation des deux donations qu'elle avait antérieurement faites d'elle-même au diable. Dix jours après, je lisais cette rétractation sanglante arrivée le matin même par la poste. Marie-Julie a prédit en outre au capucin que desormais il jouirait d'un pouvoir surnaturel ; qu'il n'aurait qu'à faire embrasser son Crucifix (1) au pécheur le plus endurci, pour le convertir aussitôt, et mon capucin en est à la sixième conversion. — Ce n'est que le commencement des grâces attachées à ce Crucifix ; mais nous ignorons encore en quoi ces grâces nouvelles consistent.

Depuis, il y avait ici un prêtre malade qui ne pouvait plus dire ni messe ni bréviaire. Au mois de mai, il m'a chargé de dire à Marie-Julie de prier pour qu'il put célébrer le saint sacrifice : le 8 ou le 9 juin, elle répondait que ce prêtre pourrait desormais dire la messe. Il la dit régulièrement depuis le 16 juin. Au mois de juillet, il a demandé de pouvoir dire son office : Marie-Julie lui a répondu qu'il le pourrait ; et depuis le 15 août il le dit sans fatigue.

Je sais encore cent autres merveilles ; aussi le capucin « croit à Marie-Julie comme à l'Evangile ». Ce sont ses propres expressions.

A M. E. de P.— Blain, le 18 mai 1876,

Je vais demain à la Fraudais, (c'est le nom du lieu ha-

(1) Ce crucifix a été bénit par la Sainte Vierge pendant une extase de Marie-Julie.— A. P.

bité, prés Blain, par la famille de Marie-Julie), et je veux vous envoyer le récit de mon voyage.

J'y étais lundi dernier 15. M. David m'y avait emmené pour être témoin d'un miracle, une communion surnaturelle. Nous sommes arrivés vers huit heures et demie. Marie-Julie était couchée dans son lit, les yeux fermés, dans une pose pleine d'une sérénité inouïe. C'était un calme sans nom, un repos ineffable. On sentait qu'elle vivait néanmoins, qu'elle ne dormait pas, et cependant elle ne faisait pas un mouvement.

Puis est venu un ravissement pendant lequel elle a prié et chanté. J'ai ses prières, mais je ne puis vous les copier, quelque belles qu'elles soient ; ma lettre serait interminable.

Après s'être tue, elle a récité à voix basse le *Confiteor*, frappé à deux fois sa poitrine et ouvert trois fois la bouche en portant sa langue sur sa lèvre. Il n'y avait rien encore sur sa langue.

Mais à une quatrième fois, nous y avons tous vu une hostie posée, d'une blancheur parfaite, petite, mince e déjà humide de salive. Elle a ouvert la bouche deux fois encore : l'hostie était toujours là, mais de plus en plus humide, de plus en plus mince, et à la fin réduite en petits fragments. Puis sont venues de nouvelles prières et de nouveaux chants. Je les ai aussi ; mais ce que je n'ai pas, et ce que l'on ne peut avoir, c'est l'accent, c'est la voix, c'est l'allégresse de la *sainte*.

Par moments, la joie divine qui l'oppressait, la rendait haletante, et alors il ne sortait plus de sa bouche que des mots entrecoupés : Bonheur ! joie ! charme ! les anges ! mon époux ! amour ! — Figurez-vous ces choses et jugez de mon émotion.

Oui, j'ai vu tout cela, et je l'ai signé. C'est un grand privilége que la Providence m'accorde, et auquel, hélas ! je sens que je réponds bien mal. Mais je ne suis pas un ange et je ne puis le devenir. Quelle n'est pas notre pauvre misère humaine! Nous n'avons qu'un espoir, la pitié de Dieu.

Ou les jours mauvais sont tres-près, ou je ne comprends plus rien. Voyez de toutes parts les guerres, les séditions qui commencent; et chez nous quel tableau !

Aujourd'hui Paris est en liesse pour les funérailles du *glorieux* Michelet. Quelle honte et quel crime ! Comment s'étonner que Paris bientôt ne doive plus être que ruines ! Il l'aura bien voulu.

J'arrive donc à la Fraudais (19). Tout s'y est passé comme de coutume. Il est donc inutile que je vous parle du chemin de la Croix que vous avez vu. Malheureusement Marie-Julie n'a pas parlé politique. Il y avait des étrangers, et j'ai remarque que toujours, quand il y a ainsi des inconnus, elle est très-réservée. Elle a pourtant annoncé la prochaine victoire du Pape, et dit qu'elle voyait la France *partagée en trois parties.*

Depuis quelque temps, du reste, elle parle peu des événements; est-ce parce qu'ils sont proches? Je sais toutefois qu'elle les voit dans un avenir de moins en moins éloigné. L'année dernière, elle parlait beaucoup de morts subites chez les personnages importants du jour. La mort de M. Ricard est-elle un premier indice (1) ?

Quoi qu'il en soit, rien n'est changé dans nos espérances. Il faut qu'elles se realisent, car elles seules sont logiques, et la logique est toujours la vérité.

A M. A. — Lettre du 1ᵉʳ *janvier* 1878.

Vous avez raison de voir l'avenir en noir; je crois que nous touchons à la tempête. Marie-Julie parle en termes qui

---

(1) Il y a eu d'autres morts subites, depuis, très-significatives.

Note d'A. P.

me *semblent clairs* du commencement du printemps (1). Heureusement la Bretagne sera protégée. Depuis quelques semaines, son nom revient sans cesse accompagné des plus belles promesses de bénédictions. Il y a huit jours, celui de la Vendee est venu à son tour ; elle aussi sera bénie spécialement.

On peut encore rester tranquille tant que Mac-Mahon sera là, si petit qu'il se fasse, mais dès qu'il sera parti, c'est alors qu'il faudra « élever à la fois vers le ciel ses yeux et son cœur.» Défions-nous du duc d'Aumale, et surtout, quoi qu'il tente, ne nous mêlons pas à ceux qui lui prodigueront « leurs applaudissements. » Restons dans la simplicité de nos opinions.

Le Roi ne viendra qu'au milieu de la crise, puisqu'il la terminera. L'Alsace et la Lorraine reviendront à la France. Dans l'intervalle, Paris surtout aura eté pour ainsi dire détruit. Plus tard, mais presque aussitôt, le Roi partira avec son armée pour l'Italie. Don Carlos sera avec lui, et tous les deux rendront au Pape sa puissance temporelle.

Voilà le résumé fidèle de ce que je sais. C'est ce que disent à peu près toutes les autres propheties déjà connues.

Mais il y a une quantité de details étranges, de prédictions particulières dont quelques-unes se sont déjà réalisées. Il y a eu une chose exceptionnelle au commencement du mois dernier. La Sainte-Vierge a fait voir à Marie-Julie deux hommes sans les lui nommer, et elle lui a commande de tracer leur portrait. Le dessin en a été si net, si précis, que personne n'a hésité à les reconnaître (2).

(1) C'est évidemment le printemps de 1879.

Note d'A. P.

(2) Ce sont deux des chefs révolutionnaires français.

Note d'A, P.

Or, tous les deux ont un même but, la destruction de la religion : seulement M. X. agit par fourberie, par hypocrisie , il
se demasque moins ; M. Y., au contraire, se lance avec audace.
« Ah! s'écriait-il naguère, si je pouvais être à Rome, comme
j'écraserais le vieillard !»

A. (c'est le parent de M. C.) continue toujours seul son rôle
de confident. Je vous jure que je trouve le temps long, et que
je voudrais bien être rappele à la Fraudais. Puissé-je y revenir
bientôt! C'est une merveilleuse et grande histoire qui se passe
là ; elle est de nature à faire pâlir toutes les légendes connues. Les extases sont plus belles encore que de mon temps.
Dieu merci, A. me les envoie toutes.

Voici les paroles de S. Jean l'Evangéliste, du 27 décembre
dernier :

« Frères et sœurs de la terre, les fleurs ont presque disparu,
les arbres ont perdu leur feuillage, toute la nature est dé-
pouillee de ses beaux ornements. Eh bien, voici l'heure du
Seigneur : il viendra avec sa justice et sa miséricorde au moment où la terre sera encore dépouillée ; mais les arbres com-
menceront à montrer leurs boutons, la terre commencera à reverdir, les jours seront longs et le soleil plus haut dans le ciel.
Je parle au nom du Seigneur ; je viens vous annoncer l'avéne-
ment de sa justice. »

Extrait des notes de M. E. de P.

Pour éviter les illusions et les artifices du Démon, qui se
présente parfois à Marie-Julie, sous les formes les plus hypo-
crites et les plus variées (une fois même il s'est presenté avec
les stigmates), elle demande de temps en temps, pendant l'extase, de l'eau bénite, avec laquelle elle se signe, et, avant de
parler, elle invoque les lumières de l'Esprit-Saint. S'il vient à
elle un saint qu'elle ne connaît pas encore, elle l'oblige à un

acte d'amour envers le Sacré-Cœur de Jésus. Si c'est le Démon, il prend aussitôt la fuite. Le Démon est maintenant facilement reconnu par elle : s'il apparaît avec une croix, elle est tortue ; s'il a une auréole, il y manque des rayons.

Le Demon a tracassé Marie-Julie de bien des manières : il l'a aussi battue en lui laissant des traces de ses coups. Il lui est même arrivé, étant à la sainte Table, de ne pouvoir desserrer les dents : mais M. David, sachant ce que cela voulait dire, approchait la sainte hostie de sa bouche, et, en présence du corps divin du Sauveur, Satan était obligé de lâcher prise, et Marie-Julie pouvait ainsi communier, malgré les efforts de l'enfer.

L'Extatique a souvent des ravissements en dehors de ceux du vendredi, même à l'eglise ; mais alors elle ne parle pas et elle reste dans la position assise ou à genoux qu'elle avait auparavant. Marie-Julie est sourde, dans ces circonstances, pour tout le monde, excepté pour son confesseur et pour ses parents.

Marie-Julie a annoncé que l'Ouest sera épargné. Il ne sera pourtant pas entierement exempt de châtiments : excepté Bordeaux, La Rochelle, Sainte Anne couvrira la Bretagne de son manteau. D'autres villes, Paris surtout, seront terriblement châtiees.

Les inondations du Midi (1875) ne sont que la fleur des châtiments prédits. Les habitants du Midi ayant blasphémé au lieu de reconnaître et d'adorer la main de Dieu qui les a frappés, des fléaux plus effroyables leur sont réservés : cette fois ce sera le feu.

Marie-Julie, depuis la Quasimodo 1874, est restée d'abord cent cinq jours sans prendre de nourriture ; puis la Sainte-Vierge lui a permis de prendre quelques cuillerées de lait. Elle en prend, en conséquence, une cuillerée le matin et une le soir, mais pas tous les jours. Elle n'aime pas le lait, qui lui provoque des répulsions du cœur.

Marie-Julie connaît, pendant ses extases, la composition de son auditoire, et est plus réservée suivant les personnes présentes. Ainsi, il y a quelque temps, deux personnes étaient venues de Paris et étaient entrées pendant l'extase. Marie-Julie montra plus de réserve et fit allusion à l'un d'eux en disant, avec toute la délicatesse qui lui est habituelle : « Il y a un sceptique parmi nous. »

Sans avoir jamais entendu parler auparavant des princes d'Orléans, elle a fait dernièrement, dans une de ses extases, un portrait peu flatteur de chacun d'eux, excepté du *prince* de Nemours, comme elle l'appelle.

Tous les vendredis, Marie-Julie voit le saint dont la fête tombe ce jour-là, et la vie de ce saint lui étant présente, elle en dévoile bien des traits saillants et même inédits. Il en est de même du chemin de la Croix, dont elle fait connaître bien des détails non parvenus jusqu'à nous par la tradition.

Guérison du petit C. — Ce jeune garçon a été l'objet d'une grâce spéciale, par l'intermédiaire de la stigmatisée : il avait été gravement atteint du croup qui régnait à F. à l'état épidémique. Le père écrivit à Blain une lettre desespérée, recommandant son enfant aux prières de Marie-Julie. Lui-même alla à l'église offrir ses prières à Dieu. Il avait beaucoup dit au Seigneur et le Seigneur ne lui avait rien dit. Il revenait tout triste, lorsqu'il aperçut Mme C., qui marchait à sa rencontre, pour lui annoncer ce qui s'était passé pendant qu'il était à l'église. Elle avait un linge teint de quelques gouttes de sang du stigmate de la couronne d'épines de Marie-Julie, et eut l'heureuse idée de poser ce linge sur le front de son fils bien-malade. L'enfant demanda aussitôt à manger. Cependant on n'osa satisfaire ce désir immédiatement ; mais le lendemain le médecin reconnut qu'on pouvait donner de la nourriture, et la guérison a persisté.

Feu Mgr Fournier, évêque de Nantes, était allé à la Fraudais, et avait reçu Marie-Julie tertiaire de Saint-François. Ce vénéré prélat avait recueilli toutes les communications fournies par le confesseur de la Voyante, et avait porté ces volumineux documents à Rome, où malheureusement il est mort il y a un an et demi.

Les quatorze stigmates de Marie-Julie sont :

4. Les clous des pieds et des mains.

2. La marque des cordes de la flagellation aux poignets.

1. La couronne d'épines.

1. La plaie de l'épaule gauche (la plus profonde et la plus douloureuse).

1. Le déchirement de la lance au côté ne forme ensuite qu'une seule et même plaie.

1. L'anneau d'alliance sanglante à l'un des doigts de la main droite.

4. Sur la poitrine, elle a des stigmates qui ne la font pas souffrir, mais qui saignent lors de ses ferventes communions. Ils représentent : le sceau de Jésus en lettres anciennes , J. H. S. ; — le sceau de Marie, M et A entrelacés.

Sur la poitrine sont encore imprimés ces mots : *Viens, ma victime ! — Triomphe de l'Eglise.*

Le 3 fevrier dernier, Marie-Julie avait annoncé la mort prochaine de Pie IX.

Nous revenons aux lettres de M. C. Il narre, à la date du 8 novembre 1877, l'extase du 27 octobre, jour de la fête de la bienheureuse Marguerite-Marie Alacoque. Ce monument révélateur imposera assez par lui-même, et nous dispensera, de la soite, d'en signaler l'importance. Par ce ravissement, le lecteur appréciera tous les autres.

« Le divin Maître montre la plaie de son cœur et dit :

« Mes enfants, c'est mon Sacré-Cœur qui a le privilége des grâces ; en lui est le triomphe. Mais avant de vous donner le triomphe, je veux vous éprouver : je vous enverrai bien des maux, vous verrez ma justice tomber sur la terre ; vous verrez aussi des signes précurseurs et éclatants paraître au firmament. Ne vous effrayez pas ; je vous ai promis le triomphe. — Ma victime, j'avais promis à la bienheureuse victime de mon Sacré-Cœur de donner le triomphe de la France et de la sainte Eglise par mon Sacré-Cœur, à la condition que tous les enfants de la France se seraient soumis ; s'ils étaient ingrats, les châtiments devaient être plus terribles. J'avais promis à la victime de mon Sacré-Cœur que peut-être j'aurais attendu deux cents ans ou peut-être plus. Si mon peuple avait été docile, j'aurais donné plus tôt le triomphe ; il n'a pas été docile, j'ai attendu ; mais peu après les deux cents ans, le triomphe aura lieu. Ma victime, retiens-bien cela.

— Oui, mon divin Jésus, je ne l'oublierai pas

Il continue :

« La victime de mon Sacré-Cœur n'a pas pu transmettre toutes mes révélations. Beaucoup n'ont pas été transcrites ; voilà pourquoi je veux aujourd'hui prévenir mon peuple, afin qu'il soit bien préparé quand l'heure de ma justice arrivera. — Victime de ma croix, il est impossible que je ne punisse pas le mal : je ne puis pas souffrir tant d'iniquites ! — Victime de ma croix, j'avais promis à la bienheureuse victime de mon Sacré-Cœur que le triomphe de la France viendrait après de grands châtiments ; cette révélation n'a pas été transcrite. Je rappelle aujourd'hui cette promesse à ton cœur.

— Merci, mon divin Jésus.

— J'ai annoncé à plusieurs saintes âmes qu'avant le triomphe de la France, il y aurait une grande lutte entre tous mes enfants, les bons et les méchants. Que mes enfants fidèles ne se laissent pas réduire par les armes des méchants. Je désire qu'ils leur résistent ; par la foi et par le courage ils réussiront. Ce sera le dernier effort des méchants ; c'est là que je les arrêterai. Ils tenteront encore de jeter le trouble parmi les amis de mon Eglise, de profaner tout ce qui est respectable sur la terre ; ce sera en vain. Rappelle-toi bien cette promesse.

— Oui, mon bon Jésus, Cœur adorable, je me le rappellerai ; puis le bon serviteur est là qui écrit (M. C.).

— Je suis très-satisfait. Je veux que mon peuple soit prévenu.

. . . .

— Voilà, mon Sacré-Cœur ; regarde, victime de ma croix. Je vois écrite dans mon Cœur la promesse que je t'ai faite : Je sauverai la France par mon Sacré-Cœur ; je la ressusciterai par l'amour de mon Sacré-Cœur.— «Eh ! je vois parfaitement, des yeux de mon âme, ces mots écrits dans le Sacré-Cœur. »

Le divin Sauveur continue :

— Je porte dans mon Cœur les noms des amis qui persévèreront dans le bien ; au milieu de la lutte je leur promets ma protection, afin qu'ils supportent les épreuves avec courage.

. . . .

» L'enfer, en ce moment, cherche des victimes pour les enrôler, afin de répandre l'iniquité sur toute la terre, et le Sacré-Cœur, lui, cherche aussi des victimes, mais pour les abriter sous sa bannière.

. . . .

» Voilà l'heure où je vais souffrir ; mon cœur sera déchiré ; voilà l'heure où des pleurs couleront de bien des yeux. Mes enfants, encore une fois, je vous préviens : Satan va satisfaire sa rage, qui est d'autant plus grande que les siens seront vaincus. Je veux humilier mon peuple : il n'a pas écouté mes paroles ; mais ensuite je lui donnerai une victoire complète, c'est-à-dire la résurrection de la fille aînée de l'Eglise. Voilà le moment, mes enfants, où le lys blanc et la bannière blanche vont être foulés aux pieds ; mais ce ne sera que pour un temps, que pour peu de temps. Leur triomphe viendra ensuite. Je veux récompenser l'attente et la confiance inébranlable de celui qui attend tout de moi et rien des hommes. Malgré les persécutions de toute sorte qui se sont élevées contre lui et qui s'élèveront contre lui ; quoique l'on discute toutes ses pensées avec la plus grande hypocrisie ; quoiqu'on l'abreuve de calomnies ; sa belle bannière blanche sera plantée sur la France, et ses ennemis seront forcés de vivre sous sa dépendance. »

Puis Jésus-Christ parle à la fois à Marguerite-Marie et à Marie-Julie :

« Victime de mon Sacré-Cœur, et toi, victime de ma Croix, vous n'êtes pas choisies toutes les deux pour la même œuvre. La bienheureuse Marguerite-Marie a été choisie pour publier la gloire de mon Sacré-Cœur, et toi, *tu es choisie pour publier la gloire de ma Croix.*»

— Nous ne faisons suivre cette extase d'aucun commentaire. Tout y parle si clairement que nos réflexions ne pourraient qu'affaiblir un texte aussi caractéristique et aussi précieux. A.P.

Je termine cette copie, écrit ensuite M. C. ; j'espère que vous en serez content. Vous comprendez clairement le rôle de Marie-Julie. Le salut de la France est attaché au culte du Sacré-Cœur et au culte de la Croix, qui se complètent l'un l'autre ; et de même que l'on élève des autels, un sanctuaire au Sacré-Cœur, ainsi on élèvera bientôt un sanctuaire immense, spécialement dédié à la Croix, et où des prodiges sans nombre feront accourir nuit et jour les pèlerins de la France, puis du monde entier.

Je vous l'annonce pour que vous teniez votre malle prête

aussitôt que l'heure des saints voyages aura sonné. Vous me retrouverez alors, je l'espère, d'autant plus que Marie-Julie me promet à moi et à toute ma famille *une demeure stable*, tout près de ce sanctuaire, à la construction duquel je dois concourir, demeure que nous ne quitterons plus de toute notre vie.

Cette dernière prédiction m'intrigue fort ; comment se réalisera-t-elle ? Mais je ne m'en tourmente pas ; j'attends avec une tranquillité d'autant plus grande que la prédiction est accompagnée d'une promesse de protection spéciale pendant toute la grande crise prochaine.

Je dis prochaine, car il ne paraît pas qu'elle doive désormais tarder beaucoup. Toutefois elle n'est pas immédiate, car Marie-Julie doit être morte auparavant, et elle ne doit mourir qu'après le retour de M. David près d'elle, après sa quatorzième et dernière communion surnaturelle, à laquelle, entre parentheses, elle sait depuis un an, que j'assisterai.....

Jesus-Christ recommande, par la bouche de Marie-Julie, la dévotion à la plaie de son épaule gauche. Tous ceux qui l'auront, cette dévotion, seront protégés par lui dans les grands châtiments reservés : achetez donc des images pour vous et les vôtres, et répandez en le plus possible (1).

LES EXTASES DE MARIE-JULIE LE VENDREDI DE CHAQUE SEMAINE.

La plupart des personnes qui lisent ce livre, ignorent probablement ce que renferment de mystérieux et de touchant les extases de Marie-Julie, celles surtout de chaque vendredi. Elles

(1) Saint Bernard a qui fut aussi révélé que la plaie de l'épaule gauche avait été la plus douloureuse pour Notre-Seigneur, recommand de son côté de l'honorer plus spécialement. — Note d'A. P.

aimeront donc d'en connaître une analyse. Nous l'empruntons à une relation fidèle de M. E. de P , qui avait obtenu de Mgr Fournier, l'autorisation d'assister aux manifestations surnaturelles de Blain, et qui de plus s'est entretenu avec M. l'abbé David. Notre ami a donc vu de ses yeux ce qu'il décrit.

— Une heure moins un quart. Marie-Julie est assise sur un fauteuil de paille, la tête appuyée sur son lit. Elle est oppressée. M. David dit que c'est du bonheur qu'elle éprouve de s'unir à son Sauveur.

On nous place sur des chaises et sur des bancs autour de la chambre, qui ne peut contenir que sept à huit personnes ; les autres au nombre de sept, se mettent à la porte en dehors de l'appartement.

Marie-Julie demande la bénédiction des prêtres qui, sur l'invitation de M. David, se lèvent, pendant que toute l'assistance imite Marie-Julie, en se prosternant pendant la bénédiction sacerdotale. Elle se rassied et presque aussitôt l'extase commence.

« Mon bien-aimé Jésus, je vous adore, je vous aime et je vous vois venir à moi tout plein d'amour et de tendresse ! Mon bien-aimé Jésus, cachez-moi dans ce saint amour ; mon cœur s'envole vers vous. Mon bien-aimé Jésus, recevez-moi. Viens vers moi, amour de mon cœur, transport d'amour! Je n'ai pas mérité de posséder tant de bonheur! Je serai pres de vous, près de cette croix, cher trésor, époux bien-aimé ! Je vous donne mon cœur pour marcher sur vos traces. Faites-moi souffrir, car je languis d'amour. Mon cœur est à vous, renfermez-le dans le vôtre. C'est trop d'amour ! Donnez-moi des souffrances, des croix, mon époux du Calvaire ».

La Servante de Dieu met ses mains derrière le dos. Elle continue ses effusions saintes. Elle assiste à l'agonie du Sauveur au jardin des oliviers. On maltraite, on le condamne, on l'outrage, on le charge de sa croix. Marie partage les douleurs de son Fils. M.-J. mentionne la colonne de la flagellation, les traitements barbares infligés à Jésus-Christ. Elle admire l'héroïsme de Véronique qui, bravant les soldats et les bourreaux, arrive jusqu'au divin Maître et lui essuie le visage couvert de sueur. D'après les paroles de l'Extatique, les saintes femmes, Madeleine en particulier, tentent certains soulagements pour Notre Seigneur, que la tradition ne rapporte pas. Marie-Julie implore la clémence et le pardon de Jésus.

« Dépouillez-moi, dit-elle, de ma volonté, de ma liberté ; donnez-moi votre amour ; donnez-moi votre croix, vos épines et vos clous. Dépouillez-moi de tout ; revêtez-moi des habits de la pauvreté ; donnez-moi un vêtement aux pieds de votre croix : la pureté, la virginité. Pardon pour les pauvres pécheurs ; pour moi, mon bien-aimé Jésus ! »

L'Homme de douleurs ne pousse pas un murmure, modèle accompli de patience, de résignation, de charité.

Marie-Julie se met à genoux et commence le chemin de la Croix, marchant en silence sur ses genoux et portant une croix mystique qui l'écrase et la fait marcher sous sa pesanteur avec une difficulté extrême. Elle fait pendant le chemin de la Croix, au moins seize fois le tour de sa chambre. Elle porte une petite croix avec les deux mains au-dessus de l'épaule gauche

Une heure vingt minutes. Première chute. Elle tombe la face contre terre et pleure. Après un certain temps, pendant lequel elle parle tout bas et prie, elle dit à haute voix :

« Mon bien-aimé Jésus, je vous adore et je vous aime. Je vous vois porter mes péchés dans votre tendresse et dans votre amour. Comment ne pas demander à souffrir, misérable pécheresse que je suis ! Mon bien-aimé Jésus me dit :

« Veux-tu souffrir davantage ? Veux-tu souffrir pour consoler mon divin Cœur ? Souffrir pour la conversion des pauvres pécheurs ? » Oh ! trop heureuse de souffrir avec vous sur le bûcher du supplice de la croix. — Toujours et partout souffrir ! c'est là que je goûte mon bonheur ! Il faut que je souffre ! Oh ! préparez-moi des croix, des souffrances ! »

Elle se remet à genoux et continue ainsi le chemin de la Croix, portant le bois mystique avec plus de peine et de fatigue qu'auparavant.

A une heure trente cinq minutes, deuxieme chute. Elle parle tout bas, sanglotte et prie. Sa petite croix est tombée à sa gauche, détachée d'elle. Puis elle dit tout haut :

« Mon bien-aimé Jésus, je vous adore, je vous vois et je vous suis. Depuis assez longtemps je vous offense ; vous avez assez longtemps souffert pour moi. Je vous promets, ô mon trésor, je vous promets de mourir plutôt mille fois que de vous offenser. — Jésus me montre ses plaies, il tombe la face contre terre et la croix se sépare de lui. O mon Père, ô Verbe éternel, je contemple vos plaies adorables ! Elles sont autant de voix qui crient pour demander des prières. — Prépare ton cœur, me dit le bon Jésus, dans sa tendresse, donne-moi ton amour ; j'ai vu que tu partages mes souffrances. Ce que je te ferai supporter, te conformant à ma volonté, appellera les grâces et les bénédictions du ciel ».

« Je vois la plaie sanglante de son épaule, combien elle est profonde et douloureuse !

— Je te dirai les prières qui allègent mes souffrances ; je désire que cette plaie soit connue de tous mes enfants.

» Mon divin Jésus ouvre son Cœur.

— Les personnes pour qui tu pries, qu'elles viennent frapper à la porte de mon Cœur divin ; je purifierai par la douleur et des sacrifices ce que vous me demandez ».

Une heure trois quarts. Julie-Marie se met encore à genoux, reste quelques instants les regards fixés vers le ciel, referme les yeux et marche de nouveau sur les genoux. Elle s'arrête près de son fauteuil, s'appuie sur le curé de Savenay, auquel elle donne sa petite croix (de 20 à 30 centimètres), fixe de nouveau ses regards vers le ciel. Elle est oppressée, elle sanglotte, referme les yeux et, laissant sa petite croix entre les mains du prêtre, elle continue sa marche avec sa croix mystique et si pesante.

Une heure cinquante-cinq minutes. Elle tombe pour la troisième fois, la face contre terre, le haut des bras détaché parallèlement à la direction du corps. Elle sanglotte. Après un certain temps de silence et de prières, elle parle de nouveau.

« Mon bien-aimé Jésus, je vous demande d'avoir part sur le Calvaire à vos souffrances. La croix de votre sacrifice se prépare. Cruels bourreaux, clouez-moi à la place de mon Jésus. C'est moi qui ai mérité toutes ces douleurs.

» Mon Sauveur me dit : « Viens sur ma croix ».

« O tendre amour de la croix, quand on vous a goûté, on ne peut plus vous quitter. Etendez-moi sur ce gibet que j'embrasse ; couchez-moi sur ce bûcher. Je veux vivre et mourir sur la croix, sur la croix du Calvaire ».

Elle essaie de se relever six fois et six fois elle retombe, toujours la face contre terre. Au septième effort elle se remet à genoux.

Marie-Julie continue ses invocations au divin Cœur de Jésus. Elle implore Marie et associe ses prières à celles de la Vierge sans tache.

Elle s'assied sur son fauteuil, les mains croisées sur sa poitrine. Elle assiste au couronnement d'épines, au crucifiement, et son langage est celui d'un ange réclamant les tourments du

Roi éternel des siècles consommant son holocauste réparateur.

Elle ouvre les bras et lève les yeux au ciel.

« Trop douce souffrance, viens accomplir le sacrifice que je demande de toi. Mon cœur nage dans les délices. Mon bien-aimé Jésus, je suis avec vous sur cette Croix qui console ».

Trois heures un quart. Elle élève les mains, en ouvrant davantage les bras, se tourne, met le pied gauche sur le pied droit et tombe en arrière de son haut, les bras ouverts et élevés, les mains crispées, comme clouées à la croix.

Elle dit les litanies de sainte Germaine dont chaque verset commence par : Sainte Germaine, épouse de Jésus-Christ, etc., ou : Ma petite sœur, ô ma Germaine, etc.

Après ces litanies, qui sont admirables, elle chante sur un air de complainte, ayant les bras dans la même position. Elle est toujours sur la croix et dit :

« Chaque jour, ô mon époux du ciel, donnez à mon cœur une douceur extrême ; du haut de la Croix, ô Jésus, du haut de la Croix, jetez un tendre regard sur vos enfants qui pleurent et qui gémissent. Mon bien-aimé Jésus, montrez-nous votre amour. Du haut du ciel, regardez vos enfants. Pitié mon Dieu, pour les pecheurs qui jusqu'ici n'ont pas écouté ! Et vous, Marie, ô ma tendre Mère, priez Jésus votre très-cher Fils ; demandez qu'il ait pitie de nous !

» Sans vous, mon Dieu, hélas ! sans vous, nous périssons; cachez-nous dans votre Cœur. Tendre Marie, portez tous nos cœurs à Jésus. O divin maître, nous irons tous en vous bénissant à votre saint Cœur. Il sera notre défense. Il sera le roi des hommes. Divin Jésus, faites sortir la victoire de votre Cœur adorable ; manifestez votre clémence.

» Précieux tresor que la Croix ! Quel riche partage que de posséder la Croix !... *Pitie, mon Dieu, du haut de la Croix, pour vos enfants couverts d'un habit de deuil ! Montrez-*

nous la fleur d'espérance qui doit un jour nous sauver!...
Marie, mon auguste mère, présentez à Jésus les plaintes
de nos cœurs, et dites lui que nous désirons la paix. Votre
cher Fils ne sait rien vous refuser. Apportez-nous cette
fleur promise, elle est notre espérance. Hâtez ce temps de la
paix ! Pitié, mon Dieu, pour vos enfants ! — O Marie, demandez à Jésus qu'il pardonne avant d'exercer sa divine
vengeance ! — Nous ne périrons pas, car Marie nous le promet ; Marie, notre mère, nous protégera ».

Trois heures quarante minutes. On dit une dizaine de chapelet pendant que Marie-Julie ne parle pas. — Trois heures
cinquante minutes. Elle est frappée d'un coup de lance. On voit
ses souffrances qui se trahissent par des soupirs de douleur, et
son côté qui se contracte. Elle embrasse le crucifix qu'on lui
a présenté ; elle prie tout bas et est immobile. Puis, à quatre
heures.

« Mon bien-aimé Jésus, je vous adore et je vous aime de
tout mon cœur. Je vous vois mort pour moi sur cette croix
ensanglantée. Là sont bien des cœurs attendris ; mais il en est
d'autres qui sont bien froids et bien durs, chez qui la foi est
morte. Pitié pour ces malheureux ; réveillez l'amour en eux !
Mon bien-aimé Jésus se penche avec pitié, les appelle dans sa
miséricorde. « Accourez pécheurs, dit-il, c'est le temps du
pardon, du repentir, de la contrition. Bientôt ce temps sera
passé, je ne pardonnerai plus, ce sera l'heure de la justice, je
frapperai ».

» Le Cœur de mon Dieu est rempli de trésors cachés et non
encore connus. « Bientôt, dit le Sauveur, vous verrez combien
mon Cœur possède d'amour pour vous, ô mes enfants qui avez
cessé de m'offenser ! Je ne veux pas vous laisser périr, parce
que vous êtes mon ouvrage ; je vous ai pardonné et vous pardonne chaque jour ».

» Au pied de la Croix, pour la pauvre France, j'ai vu Marie étancher ses larmes avec son manteau. Depuis longtemps elle retient le bras de son Fils, elle suspend sa justice. Marie demande des prières aux enfants du Sacré-Cœur. Elle se fait mendiante pour nous. Elle sollicite du Sacré-Cœur encore un peu de temps pour que nous l'invoquions nous-mêmes. Le divin Jésus pardonnera-t-il ? »

Marie-Julie voit saint François d'Assise au pied de la Croix, et laisse tomber de son âme des accents dignes du fondateur de l'Ordre séraphique.

Marie-Julie baisse les bras le long du corps. C'est le tombeau. Elle reste immobile. Puis (quatre heures et demie) elle reçoit un nouveau coup de lance, ou bien le sang de l'autre coup de lance semble l'étouffer. Elle embrasse le crucifix, sa relique de la vraie Croix, la statue de la Sainte Vierge. Elle demande l'image de saint François d'Assise. Un prêtre en tire une de son bréviaire. Elle ne la prend pas. M. David dit : Je sais ce que c'est, l'image n'est pas bénite ; on la bénit et aussitôt elle l'approche affectueusement de ses lèvres. Même chose arrive pour un chapelet qu'elle refuse. M. David demande s'il est bénit. — Oui, dit-on. — La croix l'est-elle ? — Je n'en sais rien, est-il répondu, je l'avais perdue et on l'a remplacée. —On présente de nouveau le chapelet à Marie-Julie, qui ne le prend pas. Mais la croix étant bénite, elle accepte le chapelet et le baise ainsi que la croix. Elle fait des signes de croix sur le front avec sa relique qu'elle passe sur ses yeux ; elle prie et souvent porte à sa bouche les croix, les chapelets, les reliques qu'elle a avec elle. Pendant ce temps de silence, on récite les quatre dernières dizaines de la deuxième partie du rosaire, plus une dizaine aux intentions de Marie-Julie.

Cinq heures. Elle se lève, se met a genoux, les mains, les yeux tournés vers le ciel.

« Le séraphique père saint François d'Assise avait un amour si tendre pour mon Jésus crucifié, que lorsqu'il entendait prononcer son nom, il tombait la face contre terre et ne pouvait contenir son bonheur.

» O séraphique père saint François, je pourrai bientôt aussi vous appeler mon père et beaucoup d'autres aussi ».

Marie-Julie signale les faits ci-après :

Saint François resta trois heures sans connaissance, quand il sentit le fer de la lance pour la première fois.

Il resta cinq heures en agonie sur le rocher. Une flamme sortait quelquefois de son cœur. — *Elle voit une grâce consolante dont le jour n'est pas loin.*

Cinq heures et demie. Les yeux sont ouverts. Elle donne son crucifix à baiser, lequel lui revient après avoir fait le tour de l'assistance.

Marie-Julie annonce qu'une grande abondance de grâces sortent du Sacré-Cœur de Jésus. « Mais je ne puis tout dire, s'écrie-t-elle, je parlerai en secret. Mon bien-aimé Jésus et sa sainte Mère me défendent de parler en public ».

« La Sainte Vierge ne nous bénira pas aujourd'hui, ce sera Notre Seigneur et le séraphique saint François.

» Nous allons faire une amende honorable au Sacré-Cœur de Jésus ».

Elle se prosterne et dit tout haut une prière admirable. L'assistance entière à genoux, s'unit à elle. Puis elle se relève à genoux et se prosterne, présentant à Notre Seigneur et à saint François tous les objets qu'elle a entre les mains, pendant la bénédiction.

Enfin elle tombe, brisée, dans les bras de sa mère qui l'assied sur son fauteuil où elle revient à la vie commune, mais pas tout de suite. Chacun se retire par discrétion, la laissant à sa famille. Chacun des assistants est heureux et convaincu.

M. David, son confesseur, attend qu'elle revienne entièrement.

Nota. Des circonstances sur lesquelles nous croyons devoir
garder le silence, ont éloigné M. David de la Fraudais, depuis
la mort de Mgr Fournier ; mais l'Extatique a annoncé que son
confesseur lui sera rendu. A Blain comme à Fontet, les choses
doivent bientôt changer de face, le Saint-Siége ayant nommé
une commission d'examen sur la question.

P. S. — Les derniers avis de Blain n'ajoutent rien à ce qui
nous est connu. La Sainte Vierge a promis le triomphe des
bons, le bonheur de la France, après les événements dont
nous ne voyons que trop les prodromes avant-coureurs. Le
Seigneur paraît se réserver de tout faire, et recommande la
vigilance. La Mère de Dieu fait toutefois espérer des ordres,
sans autre explication.

Les extases ont des variantes, des développements, mais le
ond est toujours le même.

— Recueillons-nous, et dans l'attente de ce qui se prépare,
adorons celui qui donne la victoire ; qui n'a qu'à souffler pour
faire trembler l'abîme, et qui est la puissance sans fin.— A. P.

Une lettre de Bordeaux nous affirme que feu Mgr Fournier,
dans la communication donnée par lui à Pie IX, des manifestations de Blain, exposa que Marie-Julie et Berguille, la
voyante de Fontet, étaient, par leurs extases, en communication intime, alors qu'elles ne se connaissent pas humainement.
Co que nous avons cité, de Berguille, sur ce point, prouve
hautement ce fait.

Apparitions de la Sainte-Vierge, à Marpingen.

Marpingen, village de 1650 habitants, au pied du Schaumberg,
dans la Prusse rhénane, n'est pas éloigné de la frontière fran-

çaise. Il s'étend sur des collines verdoyantes et sur les rives de l'Als, joli rivière qui arrose de riantes prairies. La population entière est catholique ; les mœurs y sont patriarcales et le culte de la mère de Dieu depuis longtemps plein de vie. L'église y est dédiée à Notre-Dame. Ces vertus qui rappellent les âges de foi expliquent peut-être les événements surnaturels que nous allons retracer.

Le 3 juillet 1876, date du couronnement solennel de Notre-Dame de Lourdes, le soir, à l'heure de l'*Angelus,* la Sainte Vierge se manifestait à des enfants, à Marpingen. Ces enfants, qui cueillaient des grains de myrte, dans le bois communal, étaient : Katharina Hubertus, Suzanna Leist, Margaretha Kunz, toutes trois agées de huit ans ; elles étaient accompagnées de deux petites filles de six ans, dont l'une était sœur de Katharina. S'étant agenouillées, au son de la cloche, elles virent soudain, dans une vive clarté, une dame d'une beauté inexprimable, et furent effrayées. Entre deux buissons, la douce image était assise, tenant un enfant sur le bras droit. Ses vêtements étaient blancs comme aussi ceux de l'enfant, qui avait la tête ceinte d'une couronne de roses ; un ruban bleu était noué au cou et ses petites mains serraient une croix brillante. Rentrées chez leurs parents, les petites filles firent le récit de l'Apparition, et l'incrédulité de leurs familles, les sévérités, les rigueurs furent impuissantes à les faire contredire.

Une puissance irrésistible attira désormais les enfants au bois. Profitant d'un congé, elles s'y rendirent, se prosternèrent à quelque distance du lieu de la Vision et récitèrent le *Pater.* Elles étaient désormais sans effroi, et l'Apparition revint. Sur la demande des enfants, demandant qui elle était, une voix divinement suave répondit : « Je suis celle qui a été conçue sans tâche. » — Que devons-nous faire ? — Prier pieusement. » Les enfants redirent au village ce qu'elles avaient entendu. Accompagnées de quelques personnes, elles retournèrent au Haertelwald (c'est le nom du bois). La Vierge-Mère se rendit encore visible dans un nuage étincelant, et fit la recommandation déjà connue. Suzanna Leist fut cependant privée de la vue de la Sainte Vierge, ce qui l'affligea beaucoup. Le 3 juillet, elle avait été favorisée la première de la vision. Cette privation devait durer jusqu'au 7 août. L'auguste image suivit le groupe de villageois jusqu'aux premières maisons de la localité.

Le lendemain, le père de Katharina, Hubertus et quelques amis cheminèrent avec les Voyantes. On pria. L'Apparition se manifesta aux enfants et dit encore : « Priez et ne pêchez pas. » Elle répondit à plusieurs questions transmises par les petites filles. Les malades devaient guérir en posant la main sur le pied lumineux de Celle qui est la santé des infirmes.

Un mineur, du nom de Rektenwald, languissait depuis onze mois, incapable de tout travail; son état était déplorable. Les médecins n'avaient pu réussir à le soulager. Il était un fervent serviteur de Marie. Averti, il arrive de nuit, soutenu par sa femme. Il s'agenouille avec foi; les Voyantes dirigent sa main sur le pied de la Mère de Dieu, et lui demandent quelles prières le pauvre infirme devra dire pour sa pénitence. — Le *Sub tuum* et le *Veni sancte*, trois fois par jour, pendant huit jours. Le soir même Rektenwald fut guéri.

Barbara, sœur de Katharina, atteinte d'un mal aigu au pied droit, avait eté la premiere à poser la main sur le pied miraculeux, mais elle n'obtint son rétablissement complet qu'après quelques jours.

Cependant le bruit de ce prodige s'était répandu. Le jour suivant, la foule enthousiaste afflua au Haertelwald. Magdalena Kirsch avait sept ans. Elle était phtisique au dernier degré. La mère la conduit au bois comme pour complaire à l'enfant.

Elle finit toutefois par espérer vivement. Elle invoque l'Apparition, en reçoit la pénitence déjà énoncée plus haut. La guérison s'accomplit sans retard.

Un soir, après le départ des Voyantes, une centaine de personnes étaient demeurées, toute pénétrées des merveilles qui s'opéraient. Quatre âmes justes eurent le privilège de contempler la céleste vision ; voici leurs noms : Nicolas Amés, Nicolas Leist, laboureurs ; Jacques Leist et Jean Klotz, mineurs. Plusieurs autres personnes virent également l'éblouissante figure de la Vierge-Mère portant l'Enfant-Jésus.

Ce même soir, le petit Théodore Klos, âgé de quatre ans, torturé par des douleurs au dos et à la poitrine, recouvre aussi la santé. Sa mère se chargea de dire la pénitence. Au mouvement de l'enfant, on reconnut que la Sainte Vierge avait été visible pour lui.

Le buisson sur lequel s'était montrée la Reine des cieux, avait été complètement dépouille. Des visiteurs accouraient déjà de loin, mais il se passa plusieurs jours sans que la vision reparut. Le 11 juillet, dans l'apres-midi, Margarotha et Katharina contemplèrent le ravissant prodige jusqu'au tintement de l'*Ave Maria*. Marie annonça qu'elle retournerait le lendemain, après la messe. Deux sources anciennes existent au Haertelwald. La Sainte Vierge recommanda la plus haute comme étant celle dont les malades devaient user. A cause des prodiges continuels qu'elle opere, son nom de Schwanheck a été changé en celui de *Source des grâces*. Le malade y trouve la santé ; le pêcheur sa conversion ; l'âme pieuse un breuvage de fortification.

Ce jour là, s'accomplirent plusieurs guérisons remarquables, parmi lesquelles, celles de Jacques Doerr, âgé de quatre ans, impotent depuis seize mois, et que la science n'avait pu soulager. Il vit la *belle Dame blanche*, selon son exclamation naïve.

Le 12 juillet, des pélerins, célébrant les louanges de Marie, accouraient de tous côtés. Il y eut bientôt 20,000 personnes massées. De nombreux malades avaient été conduits au *Lieu des grâces*. Les Voyantes prenaient la main du fiévreux, de l'infirme, de l'aveugle, du mourant, la posaient sur le pied sacré, puis demandaient la pénitence imposée. Les jeunes enfants n'avaient à réciter que trois *Pater ;* d'autres pendant huit jours et trois fois par jour, avaient le *Memorare,* le *Salve Regina*, le *Veni sancte.* Quelques-uns devaient dire le chapelet.

Deux personnes seulement, un homme et une femme ne furent pas accueillis. Plusieurs malades se relevèrent guéris ; beaucoup d'entre eux le furent soit après l'octave des prieres soit progressivement. Les Voyantes éprouvaient une extrême fatigue, et furent souvent exténuées ; elles rentrerent chez elles, le soir, presque mourantes.

M. Neureuter, curé de Marpingen, usant d'une grande prudence, ne paraissait pas au Haertelwald, mais avait peine à suffire aux confessions et ne pouvait s'empêcher d'être témoin des scenes les plus attendrissantes. Les bienfaits de la Mère de Dieu, en cette journée, furent innombrables. Les relations écrites signalent surtout celle de Suzanna Andrès, d'Immweiler (Prusse); celle de Wilhem Huber, d'Auweiler (Prusse); celle de Margaretha Grenner, etc.

Le 13 juillet; cependant au moment où les foules couvraient toutes les issues du bois et le bois lui-même, voilà qu'une compagnie de soldats arrive à pas de loup et charge violemment les chrétiens en prières. La confusion fut extrême, l'épouvante générale, et il y eut plusieurs blessés. A peine chacun était-il rentré à son domicile, que les mêmes soldats vinrent frapper lourdement aux portes, réclamant des vivres et des logements. Cette occupation dura quinze jours. Le capitaine a

3*

ordonné de combler la source, qui est venue sortir un peu plus bas. Une maisonnette a été construite, et des gendarmes y ont veillé nuit et jour. Les vexations n'ont pu lasser la patience des habitants de Marpingen.

Les manifestations ne s'arrêtèrent pas devant les baïonnettes prussiennes, puisqu'elles devaient durer quatorze mois. Cependant les parents des petites Voyantes les retenaient à la maison, quand celles-ci, poussées par un désir irrésistible, demandaient à retourner en Haertelwald. Une voisine y conduisit Margaretha, malgré la surveillance. L'enfant revit l'Apparition, vêtue de noir, cette fois, la tête penchée par la douleur, enveloppée d'un long voile, sans diadème. Elle recommanda de ne pas s'*attarder et de prier ; de prier et de ne pas craindre. On pouvait revenir dans demi-heure.*

Etant là de nouveau, et l'enfant ayant présenté plusieurs demandes, la Sainte Vierge répondit que les *soldats* ne feraient pas de mal à M. le curé, mais qu'ils lui susciteraient beaucoup de tourments. Elles passèrent non loin des gardes, qui n'y prirent pas attention.

Le 24 juillet, à huit heures du soir, Katharina Hubertus, vit, sous l'humble toit de ses parents, la Reine du Ciel. Elle appela Margareta. Elles se mirent a genoux et prièrent. Le lendemain, même faveur. Le 27, Marie apparut aux enfants à l'ecole. Elle dit qu'elle venait *pour guérir les malades et convertir les pécheurs.* Les enfants contemplèrent, dès ce moment, presque chaque jour, l'Apparition, pendant la prière.

Le 7 août, Suzanna, enfin delivree de la contrainte qui la désolait, put voir, avec ses heureuses compagnes, la ravissante Apparition. Des anges l'environnaient. Une colombe planait dans une nuée, et une voix céleste répétait par intervalle : « C'est ici, mon fils bien aimé en qui j'ai mis toutes mes complaisances. » Il y a dans ces manifestations un enseignement plein de mystères, où la méditation du chrétien découvre des sollicitations pressantes à la terre, de rompre les liens qui nous attachent au sensualisme, à la tiédeur, à l'orgueil humain, causes de destruction, pour nous ramener à la piété, à la foi pratique, à la glorification des choses saintes, salut des peuples coupables et sur la pente des plus effrayantes catastrophes.

C'est ainsi que les Voyantes, regardant le ciel, y admirèrent des anges radieux, dont l'éclat, le nombre, les mouvements avaient une signification emblématique. Le 11 août, elles se rendirent au lieu des grâces, en célébrant Marie, qui se montra à elles dans sa suprême beauté. La forêt était libre, la haie morte s'était changée en un plant de rosiers epanouis ; leurs anges les protégeaient. Au-dessus de l'Enfant-Dieu et de Marie planait encore la colombe.

Un soir, le Ciel s'entrouvit, et les yeux des enfants bénis admirèrent un de ces tableaux ineffables comme en renferme l'*Apocalypse*. La Trinité montrait à l'innocence l'éblouissant mystère de sa triple union, et des perfections dont-elle avait doté la Mère du Verbe. La Cour céleste était-là avec ses éternelles splendeurs. — Dans les premiers jours de septembre, la Vierge des Vierges, plus majestueuse que les Chérubins et les Seraphins, parut dans un nuage d'or, environnée de tribus angéliques. Ces manifestations du royaume béatifique, présentant d'incommunicables aspects, réjouirent bien des fois les Voyantes.

Un jour elle suivirent dans l'espace un convoi funèbre, dont le symbolisme remplit d'une douce émotion. Bientôt les visions eurent lieu dans l'Eglise, et généralement elles se dessinèrent chaque fois pendant l'office. La Vierge-Mère s'y asseyait dans la nef, devant les enfants. Le 11 septembre, les trois petites filles virent dans les airs une procession d'enfants, le front ceint de couronnes de fleurs. Puis, Saint Michel se montra, dans son éclat, aux Voyantes, et leur annonça qu'il viendrait bientôt prendre le tout jeune enfant de Pierre Schnur, ce qui eut lieu. Elles accompagnèrent le petit cercueil, portant les couronnes d'usage. La tombe était entourée d'anges, une colombe voltigeait au-dessus. Le 28, ce fut une âme du Purgatoire, entourée d'esprits bienheureux, qui sollicitait des prières ; Marie demanda cinq oraisons dominicales ; l'âme en peine fut délivrée. Il y a dans les manifestations de Marpingen beaucoup de ces récits d'un charme inexprimable. Ici, ce sont des chrétiens fervents, égarés, pendant la nuit, sur la route du village privilégié, et qu'une *étoile* resplendissante vient guider. Là cette même clarté brille, aux blancheurs de l'aube, au-dessus du Haertelwald, d'un rayonnement inconnu. A Bois-d'Haîne, Louise Lateau sourit, pendant l'extase, quand on lui présente des feuilles du bois sanctifié. Presque chaque jour, des malades se présentent ; ils retournent guéris où du moins emportent l'espérance de l'être sous peu. Quantité de guérisons s'opèrent ou s'achèvent au sanctuaire de Marienborn.

Satan, de même qu'à Fontet et à Blain, a tenté d'abuser les Voyantes, mais l'eau benite et le signe de la croix ont déjoué ses pieges. La voix et les yeux du démon pouvaient-ils ne pas être reconnus par celles qui avaient vu la vive lumière de la Mère de Dieu et entendu la suavité de sa parole ?

Un paysan étranger au village, envoie son domestique chercher une charge de bois. — Cela sera lourd pour les chevaux, — dit celui-ci. — Tu attelleras à la voiture, répond le maître, la Vierge de Marpingen. — Arrivées au bois, les bêtes sont chargées, mais soudain elles meurent sur place. C'était la réponse au blasphème du paysan. Un homme occupé au comblement de la source sainte, veut damer la terre et l'affermir ; l'eau jaillit avec violence et blesse gravement à la jambe l'ou-

vrier irréligieux. Des fashionnables d'Ottweiler vinrent s'amu-
ser *de la chasse aux pèlerins*. La voiture versa et les jeunes
gens furent grièvement blessés.

Cependant la police exerce son ministère vexatoire. M. le
curé et les Voyantes subissent un interrogatoire ; mais la troupe
est rappelée le 28 juillet. Un personnage de la haute police de
Berlin, se donnant pour irlandais et fervent catholique, vint
jouer un rôle étudié à Marpingen, rôle auquel nul ne se laissa
prendre. Il voulut mettre cinq francs dans la main de Margaretha, qui jeta la pièce par terre.

Le 27 octobre, M. le curé de Marpingen, est saisi dans son
presbytère et emmené à Sarrebruck. M. le curé d'Alsweiler
est également arrêté, on l'arracha du confessional; tous deux
sont jetés en prison. Les papiers de M. Neureuter sont fouillés.
L'instituteur est destitué, l'institutrice changée de résidence,
le garde champêtre et le forestier suspendus. Le personnage
de la haute police tente d'obtenir des signatures contre la
réalité des apparitions; mais il n'en recueille pas une seule.
Les quatre hommes qui avaient admiré la vision, furent gar-
rottés et traînés à la prison de Sarrebruck ; rien ne peut les faire
rétracter. Le Haertelwald rendu libre pendant trois jours, fut
de nouveau interdit, les pèlerins y ayant aussitôt afflué.

Après quatorze interrogatoires, les Voyantes sont enlevées à
l'école par la gendarmerie. Les familles qui n'étaient pas pré-
venues, suivent la voiture à pied. Les enfants sont mises dans
une maison de correction, tenue à Sarrebruck, par des protes-
tants. La Sainte Vierge les y visite, leur annonçant que leur
détention ne sera pas de longue durée. Mgr le prince Edmond
Radzivill, cousin de l'empereur, député au Reichstag, vicaire
d'Ostrowo, arrive en effet à Marpingen, le 14 novembre. Il y
célèbre la messe. Il voit les parents des petites Voyantes ; leur
rédige et signe avec eux une réclamation à sa Majesté. Il

emporta cette pièce et ses démarches obtiennent un plein
succes. Les quatre hommes detenus sont rendus à la liberté.
Le 1er décembre, les deux curés sont élargis, et après six
semaines de detention, les enfants rentrent chez leurs parents.
Elles avaient montré une admirable fermeté. Le bois a été en-
touré d'une clôture. Des amendes ont été subies ; des tracasseries
prodiguees ; mais les apparitions ne l'ont pas moins emporté

M. l'abbé Scheeben, prêtre distingué, avait publié un article dans la *Gazette populaire de Cologne*, sur les faits
accomplis. L'article fut incriminé, mais il y eut acquitte-
ment. Le ministère public en appela, la Cour confirma le
premier jugement.

Ainsi finirent les vexations de la police et de la force armée.
Marpingen, tout embaumé de parfums célestes, gardait le
vivant souvenir des manifestations dont il avait été le théâ-
tre, et devenait un pèlerinage à jamais célèbre. Humbles et
retenues, les petites Voyantes ne parlent jamais aux visiteurs
de l'Apparition ; mais si on les interroge sur ce point, elles
répondent brievement et avec un accent de solide piété. Chaque jour amène des pèlerins à Marpingen ; ils visitent les
endroits où la Reine des Anges s'est révèlee, font leurs dé-
votions a l'église, et s'éloignent consolés, charmés, remplis
d'esperance, soulagés dans les afflictions du corps et celles
de l'esprit. Le nombre des malades qui accouraient à Marpingen, etant devenu trop considérable, l'Apparition cessa
de se laisser interroger et dit qu'il suffisait aux affliges de
savoir desormais ce qu'ils ont à faire.

Le 2 decembre, au son de l'*Angelus* de midi, de pieuses
filles d'ages divers, etaient agenouillees dans la forêt : c'é-
taient Magdalena Muller, Margaretha Klassen, Maria Lehnen
et Magdalena Schneider, de la paroisse de Waden, distante de
cinq lieues. Le temps était affreux, quant tout à coup il se

rasseréna; la Sainte Vierge se rendit visible à plusieurs intervalles, et sous des aspects mystiques qui remplirent ces jeunes âmes d'une allégresse supérieure à toutes les joies de la terre. L'une d'elles, aveugle de naissance, eut le bonheur de sentir ses paupières visitees par ces mystérieux rayons, et, selon son expression, elle ne désirait et ne regrettait plus rien ici-bas après ce bienfait. Par deux fois, quelques jours après, les jeunes personnes revirent de nouveau la Vierge Immaculée. Le 3 septembre, les Voyantes reposèrent à plusieurs reprises leurs yeux sur Notre-Dame-de-Marpingen, qui leur répéta comme au premier jour : Priez beaucoup et ne péchez pas. Là finissait le quatorzième mois pendant lesquels les manifestations devaient durer.

A Marpingen, les cœurs de bonne volonté obtiennent l'allégement aux peines d'esprit; les conversions y sont fréquentes; on en emporte le soulagement de personnes aimées; c'est une constante effusion de biens surnaturels. Heureuse la plume qui racontera, plus tard, les grâces prodiguées au Haertelwad et à l'église du village prédestiné. Il y a dans cette rosée de secours répandus, plus de poesie que dans les créations du génie ; plus de leçons délicieuses que dans les plus harmonieux discours des sages et des écrivains inspirés. Donnons-en un exemple : Margaretha était pâle, languissante; elle dépérissait comme la fleur de la prairie privée d'eau. M. le curé de Marpingen résolut de l'appeler à la première communion. Sa chambrette était décorée de verdure ; des pèlerins étaient là ; elle reçut au lit l'Agneau sans tache. L'Apparition voulut aussi lui sourire. « Permettez-vous, lui dit l'enfant, que je pose la main sur votre pied pour guérir. » La demande est accueillie. Le lis étiolé reprit bientôt sa grâce et sa vivacité.

On dit qu'une pieuse princesse a le projet de placer les trois

Voyantes dans un couvent, perspective qui sourit à leur candeur et à leur foi non moins forte que naïve. Laissons-les en attendant sous la protection céleste qui les a choisies, et ne doutons pas que leur auguste protectrice ne prodigue de grands secours à l'Eglise et à la société par leurs invocations.

Qui oserait ne considérer dans les faits miraculeux de Marpingen qu'une étroite bénédiction pour ce village allemand et les pays du voisinage! Il y a là ce que nous rencontrons à Lourdes et aux autres endroits où Marie est venue manifester sa divine affection pour l'humanité prévaricatrice. L'indifférence nous livre à des maux incalculables; l'impiété déchaîne sur nous les ouragans et les tempêtes; le retour au Seigneur reste notre unique sauvegarde : la conversion ou des calamités inénarrables. C'est l'explication abrégée des prodigieux avertissements de Marpingen.

Addition aux faits miraculeux de Fontet.

Parmi les grâces spéciales et les guérisons signalées obtenues par l'intercession de la Reine Immaculée des Anges ou de Fontet, sont les suivantes. C'est M. Auguste de Guasco, de Fauquemont (Pays-Bas), qui les atteste dans deux lettres que nous avons sous les yeux, à la date des 2 et 4 juillet 1878. Ce sont ces lettres que nous résumons :

M. de Guasco avait demandé à la Sainte Vierge, par l'entremise de Berguille, la guérison de son épouse, affligée d'un déplacement de la matrice, par suite de couches. La malade ignorait la recommandation. Un médecin fut appelé, mais sa deuxième visite servit, à son grand étonnement, à constater la guérison. La Sainte Vierge avait repondu : *Elle guérira*.

Peu après avoir obtenu cette grâce, les mêmes parents virent leur fille Hortense, âgée de neuf ans, vivement atteinte de pleurésie. Le médecin était inquiet. L'enfant est mis sous la protection de Notre-Dame des Anges. Un scapulaire du Sacré-Cœur et une médaille bénits à Fontet, sont mis près du lit, et recommandation est demandée à Berguille Le lendemain, le docteur affirma que l'inflammation était arrêtée, mais qu'un degré de plus, la petite fille eutété perdue. « J'ai guéri cette enfant, avait dit la Mère de Dieu, et je lui accorderai encore plusieurs grâces ».

M. de Guasco avait une affaire d'intérêt, qui traînait, à son déplaisir, depuis quatorze ans. Il la mit sous la protection de Notre-Dame de Fontet. « Cela finira bientôt », dit la Sainte Vierge ; et en effet, peu après, le 2 août, fête de Notre-Dame des Anges, les intéresses vinrent proposer un arrangement.

Le jeune Joseph Linden, de Foercudaal, avait la mémoire si obtuse, qu'il ne pouvait rien retenir du catéchisme ; grâce à Notre-Dame de Fontet, il fut premier à l'examen de la premiere communion.

Mme Brandt, de Foerendaal, souffrait, depuis des années, de maux d'estomac, l'invocation de Notre-Dame des Anges l'a pleinement guérie.

Laurent Baumans, de Foerendaal, souffrait, depuis trois ans, d'une carie des os. Les doigts des pieds lui étaient tombés. Par l'entremise de Berguille, la Sainte Vierge l'a secouru ; il a pu se lever et assister à la première communion de son fils, l'église étant à 25 minutes de sa maison. Il a été délivré d'autres peines.

L petit Jean-Louis Willems avait trois ans, et tout dans cet enf nt annonçait le rachitisme. Une recommandation à Fontet lui a donné la santé.

M. de Guasco mentionne encore d'autres grâces accordées et exprime, avec effusion de cœur, sa profonde reconnaissance Notre-Dame. Les lettres sont adressées à M. Laclavetine, pour servir à la glorification des événements surnaturels de Fontet.

Table de l'ouvrage sur Fontet, Blain et Marpingen.

—

Grandes apparitions, 3. — Mémoire de M. Daurelle sur Fontet, publié à Rome, 4. — Opposition contre Fontet, 5. — Directeurs de Berguille, 6. — Prédictions sur la Présidence, le Septennat. Secret du ciel pour le Maréchal, 7. — Sur les gouvernants, 8. — Sur une combinaison funeste, 9. — Textes sublimes sur Henri V et les lys, 9 et suivantes. — Scandales et sacriléges, 13. — Les Carbonari ; l'Italie ; martyre d'un évêque ; invocation pour la France, 14. — Trois jours de ténèbres ; la chaumière de Berguille deviendra une superbe basilique, 17. — Invocation pour l'Eglise; communion surnaturelle; la grande crise, 18. — Evéques martyrs ; Mélanie (de la Salette); Ministres sacrés ; Notre-Dame des Anges, 20. — Textes touchants relatifs à Marie-Julie, la Voyante de Blain, 21. — Invocation pour la France, 23. — Ames du Purgatoire, 23. — Plaintes contre les adversaires de Fontet, 24. — Prédictions contre Paris, 26. — Retour des prussiens; la Salette, 28. — Pontmain ; Statue de Voltaire, 30. — Mort de M. Ricard et de M. Thiers, prédite; signes dans le Ciel, 31. — Zouaves pontificaux ; Louise Lateau ; le triomphe, 32. — L'archange Saint Michel ; délivrance de Rome, 33.

Résumé du livre de M. Daurelle, imprimé à Rome intitulé :

Evènements de Fontet, d'après les principes de Saint Thomas.

Sommaire : Fontet, 33. — Refutation circonstanciée des adversaires de Fontet, 34 et suivantes. — Guérisons miraculeuses à Fontet, 39 et suivantes. — Prodiges, 42 et suivantes. — Don de prophétie et son caractère, 44 et suivantes. — Sublimité des faits surnaturels de Fontet, 48 et suivantes. — Justification par Saint Thomas : *Passim.* — Signes dans le Ciel, 52.

Notes extraites de M. V. de Portets : Prière dictée par la Sainte Vierge, 56. — Faits éclatants, 56 et suivantes. — La science médicale confondue à Fontet, 59, — Malheurs prochain, 62 et suivantes, — Fontet depuis la clôture de la maison de Berguille.

PRODIGES DE BLAIN. — Prophétie de Marie-Julie. — Notes biographiqnes sur Marie-Julie. — Les événements sont proches. — Branche de laurier fleurie. — La France au tombeau ; Jésus-Christ l'y visite et lui promet une résurrection glorieuse. — Lys miraculeux. — Jésus-Christ sur un trône; la France resplendissante devant ce trône. — La Sainte-Vierge obtenant le salut de sa fille bien-aimée. — Pie IX et le Roi près du trône divin. — Les saints protecteurs de la France. — Magnificence de ces tableaux prophétiques. — Marie-Julie voit la bénédiction de la chapelle provisoire du Sacré-Cœur. — L'avenir devoilé. — La France est sauvée. — L'armée des impies détruite. — Prochain abaissement de la Prusse. — Marie-Julie connaît en entier un exorcisme qui ne s'achèvera qu'après avoir eté annoncé. — Crucifix miraculeux. — Guérisons et conversions miraculeuses. — Tableau d'une communion surnaturelle. — Effets célestes de l'extase. — Lugubre destinée de Paris. — Réserve de Marie-Julie en présence des sceptiques. — L'avenir est noir. — La Bretagne sera protégée. — Défions-nous du duc d'Aumale. — Arrivée du Roi au milieu de la crise. — Don Carlos. — Deux portraits prodigieux. — Merveilleuse et grande histoire. — Touchante prophétie de l'apôtre saint Jean. — Autres notes biographiques sur Marie-Julie. — Prédiction sur le Midi, etc. — Feu Mgr Fournier, évêque de Nantes. — Les quatorze stigmates de l'Extatique. — Paroles imprimées sur sa poitrine. — Le Sacré-Cœur a le privilége des grâces. — Le triomphe est dans le Sacré-Cœur de Jésus. — Justice de Dieu annoncée. — Signes dans le firmament. — Assurance du triomphe prochain. — Plusieurs révélations de Marguerite-Marie non transcrites. — Grande révolte. — Résister aux méchants. — Les bons seront protégés dans la lutte. — L'enfer cherche des victimes. — Satan va satisfaire sa rage, mais il sera vaincu. — Le lys et la bannière blanche vont être foulés aux pieds, mais leur glorification viendra ensuite. — Celui qui attend tout de Dieu sera récompensé. — Un magnifique sanctuaire sera érigé en l'honneur de la Croix, comme il s'en élève un en l'honneur du Sacré-Cœur. Dévotion à la plaie de l'épaule gauche du Sauveur — Extases sublimes de Marie-Julie, le vendredi de chaque semaine ; merveilles du chemin mystique de la Croix. — M. l'abbé David, confesseur de l'Extatique. — Derniers avis de Blain, de la page 73 à la page 93.

Apparitions de la Sainte-Vierge à Marpingen, de 94 à 104.

Nimes, typ. Clavel-Ballivet et Cᵒ, rue Pradier, 12.

Prières à S. Raphaël, qui préside aux guérisons, et à S. Roch, qui préserve de la peste.

S. Raphaël, l'un des sept anges assistants devant le Seigneur, votre nom signifie *médecin de Dieu*. Vous régissez l'art de guérir, ayant reçu le gouvernement de tout ce qui se rapporte à la médecine, tant pour l'âme que pour le corps, de manière que vous dissipez à la fois toutes les langueurs humaines. Guérissez-nous vous en suppliions, les fidèles chrétiens qui vous invoquent dans leurs maladies. Instruisez-nous comme vous instruisîtes les patriarches. Protégez l'Église comme vous protégeâtes le peuple de Dieu. Préservez les bons Français des fléaux dont la justice divine menace notre belle patrie. Daignez favoriser les familles pieuses des secours que vous prodiguâtes à celle de Tobie. Préservez-nous (le procès et, faites-nous rencontrer des débiteurs fidèles. Ayez compassion des malades dépourvus de secours. Faites-nous retrouver les reliques des saints. Inspirez-nous le mépris de la vie mondaine. Veillez sur nous et guérissez-nous pendant les fléaux épidémiques. Faites comprendre à tous les chrétiens et particulièrement aux Français la nécessité de la réparation. Protégez les Facultés catholiques et envoyez-nous des médecins selon le cœur de Dieu. Accompagnez-nous pendant nos voyages. Soyez notre protecteur contre tous les dangers. Gardez-nous sains et saufs, dans la voie de la paix et de la prospérité, en nous préservant de tous nos ennemis visibles et invisibles. Tant que durera notre pèlerinage sur la terre, veillez sur notre avancement spirituel et ne nous privez jamais de vos secours. Soyez notre intercesseur pour que nous comprenions tous nos devoirs. Enseignez-nous à expier nos fautes par une sincère pénitence, afin que le Seigneur nous rende sa clémence et que Notre-Dame-les-Anges nous rouvre les trésors de la miséricorde. Faites que les catholiques soient fermement dévoués au vicaire de Jésus-Christ, afin qu'ils puissent bientôt chanter le triomphe de l'Église universelle, que le glorieux patronage de S. Joseph nous obtiendra. Nous dirons en ce beau jour : « Dieu ne nous a pas rendu selon nos œuvres, et nous jouirons encore de sa lumière. » Présentez sans cesse nos oraisons et nos bonnes œuvres au Seigneur. Amen.

Oraison à S. Roch. — Grand saint, que l'on invoque toujours avec succès pour être délivré des maladies épidémiques, préservez-nous de toute peste du corps et de l'âme, de la contagion et du péché. Bienheureux confesseur de Jésus-Christ, ô vous le consolateur de tous ceux qui craignent le courroux céleste, que votre puissante intercession nous secoure auprès de Dieu, maintenant et durant les pestes que la Sainte-Vierge a prédites. Détournez de nos têtes les fléaux de la justice du Très-Haut ; obtenez-nous la grâce d'être réconciliés avec sa Divine Majesté et d'être gardés spécialement par S. Raphaël, le divin médecin, durant notre vie et à l'heure de notre mort. Amen.

NOTA. — Le respectable abbé Soufflant, curé de Maumusson, disait qu'un des plus puissants moyens pour traverser en paix les calamités qui menacent l'univers et en particulier la France, était de propager la dévotion à l'ange Raphaël.

Nous avons déjà pourvu de ces deux objets précieux, et à prix réduit, de nombreux amis. Nous continuerons d'en faire l'envoi aux personnes qui nous en feront la demande. — Prix de chaque photographie, format album avec prières... 0.70
La douzaine, moitié de chacune ou non... .... 7.00
Format cartes à jouer avec prières.................. 0.50
La douzaine.................................. 5.00
Adresser les demandes à M. Péladan, rue de la Vierge, 10. à Nîmes (Gard).

OUVRAGES RÉCENTS DU MÊME AUTEUR

QUI PEUVENT LUI ÊTRE DEMANDÉS DIRECTEMENT,

rue de la Vierge, 10, à Nimes.

———————

Preuves éclatantes de la Révélation par l'histoire universelle, ou les monuments et les témoignages païens, juifs et profanes, de tous les temps et de tous les peuples, confirmateurs de la Bible et du Christianisme. Avec un bref de Sa Sainteté Pie IX et des lettres d'éminents évêques. 4e édition, mise en rapport avec l'état présent des choses; un beau volume format Charpentier, de 600 pages. Franco par la poste....... 3 fr. 50

Cet ouvrage est la démonstration de nos croyances par les faits et par les aveux des adversaires de la foi, recueillis dans les annales des six mille ans du passé.

Rome et la France, 80 articles puisés dans les docteurs de l'Église et les écrivains les plus autorisés, formant un ensemble doctrinal et anecdotique, pour la glorification du Saint-Siége et notre *vieux droit national*, in-18. Envoi franco........................... 0fr,50.

Vie nouvelle d'Henri de France, in-8o, 7e édition. Envoi franco........... .... 0fr,75.

Lettres d'Henri V, avec introduction, in-8........ 1, 50.

Dernier mot des Prophéties, 1 vol................. 1, 25,

Evénements miraculeux de Fontet, de Blain et de Marpingen, 1 vol.............................. 1, 00.

Vie et culte de S. Christophe...................... 0, 75.

———————